Robert NANTEUIL

Le Dossier de M. Guyot de Villeneuve

L'Armée cléricale

DEUXIÈME ÉDITION

PARIS
BIBLIOGRAPHIE SOCIALE
19, RUE SERVANDONI, 19

Édité par l'Auteur

LIRE :

La Grande Suspecte

Roman militaire contemporain

Par le Lieutenant ROBERT NANTEUIL

1 VOLUME : 3 fr. 50

S'ADRESSER A L'AUTEUR

6, rue Louis-Philippe, Neuilly-sur-Seine, (*Seine*)

C'est à la fois un passionnant chapitre de notre histoire politique et une vivante peinture du milieu militaire, plus précisément de la vie des officiers dans une petite garnison de province.

Existence vide et inactive, féconde en désillusions pour ceux qui considéraient le métier militaire autrement que comme un vulgaire gagne-pain ou un moyen de briller dans le monde, monotone rancœur de l'exercice surveillé sans goût, banalité des commérages de la popote, flirts intéressés ou lucratifs dans le salon de la commandante, tout cela vécu, sincère, fidèlement rendu jette un jour la[mentable] et cru sur ce milieu du 36e bataillon de chass[eurs à] pied, où les honnêtes et les convaincus désespèrent de pouvoir achever leur carrière.

La scène se passe aux temps troublés de l'Affaire Dreyfus, à cette période louche de notre histoire républicaine où les bonapartistes, les royalistes et les nationalistes essaient de se donner la main pour renverser la *Gueuse*, mais sans parvenir à s'entendre pour partager la peau de l'ours.

Naturellement, les officiers du 36e bataillon de chasseurs à pied conspirent, tant par désœuvrement que par chic, et nous saisissons ainsi sur le vif toute la désorganisation de l'armée, alors mûre pour un complot dont elle eût été l'agent criminel.

Ces événements sont narrés avec une impitoyable précision. La passion généreuse de l'auteur gagne bientôt le lecteur. Imaginez un roman de Dumas qui soit véridique et impartial, et vous aurez une idée de la *Grande Suspecte*, que le monde voudra lire et conserver comme un document.

LE DOSSIER
DE
M. GUYOT DE VILLENEUVE

DU MÊME AUTEUR

LA GRANDE SUSPECTE, **1 volume in-18**
En réimpression.

L'ARMÉE CONTEMPORAINE **(Huitième mille)**
1 brochure, 30 centimes.

Robert NANTEUIL

Le Dossier de M. Guyot de Villeneuve

L'Armée cléricale

PARIS
BIBLIOGRAPHIE SOCIALE
19, RUE SERVANDONI, 19

Édité par l'Auteur

PRÉFACE

La phalange césarienne qui, après avoir glorifié le faux, il y a sept ans, s'était effondrée dans la honte et l'ignominie a relevé la tête avec cynisme, plus agressive, plus insolente que jamais.

Croyant faire un coup de maître et provoquer la sédition militaire, aveuglée par la haine, égarée par les passions, elle-même vient de démasquer ses plus fidèles alliés, ces parjures qui, sous l'épaulette, dissimulés derrière le drapeau, préparaient contre le Pays le plus odieux des attentats.

Pendant des mois entiers, la presse des listes rouges, les feuilles vénales de sacristie, les journaux à l'affût de réclame et de scandale publièrent les fiches volées au Grand Orient de France, jetant ainsi dans le domaine public des documents destinés à demeurer secrets.

La sédition prétorienne ne vint pas, mais les documents restèrent.

Réunis en volume, ils constituent le plus formidable réquisitoire qu'on ait jusqu'alors formulé contre la caste militaire.

Nous avions le *Mémorial de l'Armée de Condé*, nous avons aujourd'hui le **DOSSIER DE M. GUYOT DE VILLENEUVE.**

L'un complète l'autre.

Les sentiments des chefs actuels sont bien ceux de leurs pères, les déserteurs de Coblentz et les traîtres de Quiberon.

A cent ans d'intervalle, une même haine farouche contre la Démocratie et la Pensée libre les inspire, les conduit, les unit...

Ils sont prêts aux mêmes trahisons,...aux mêmes crimes.

Au lendemain de l'Empire écroulé dans la corruption, la honte et le sang de la défaite, après le cauchemar du 16 mai, la République surgissait de ces décombres fumants dans une poussée de vie et de jeunesse.

Elle incarnait toutes les espérances, elle présageait un prochain relèvement national, elle était l'aurore d'une ère de paix, de concorde et de progrès.

Dans un élan admirable, le suffrage universel chassant du Pouvoir les hommes de l'Ordre moral, avait signifié hautement ses volontés.

Il fallait en finir avec le favoritisme, la duperie, les mensonges et les dogmes, rompre pour toujours avec la coterie cléricale qui avait asservi la conscience française pendant plus d'un demi-siècle.

On sait ce qu'il advint.

Une bourgeoisie férue d'aristocratie, n'ayant de républicaine que l'étiquette, assoiffée d'honneurs et d'argent, supprima purement et simplement le programme des réformes et des libertés que le peuple demandait.

Elle fit de la République une sorte de monarchie parlementaire ouverte à tous les appétits, et qui fut bientôt la proie de cent mille agents électoraux faméliques, de cent mille prêtres ou moines de tout froc, sortis on ne sait d'où.

Cette confiscation des droits imprescriptibles de la nation souveraine, n'avait été possible qu'avec le concours et l'appui des internationaux de la France, la complicité de la puissante Congrégation catholique et romaine.

Le pacte avait été conclu avec eux : aux premiers on confiait la fortune de la France à administrer, avec licence de draîner l'or du pays dans de louches spéculations ; aux seconds, on octroyait, avec une influence prépondérante dans le gouvernement, toutes les places, toutes les prébendes, toutes les sinécures.

Cet état de choses monstrueux dura vingt-cinq ans.

Quand magistrature, administration, armée furent complètement enrôlées sous la bannière de l'Eglise et que les coffres-forts des éternels exploiteurs de la crédulité humaine furent pleins, rien ne s'oposait plus, désormais, à ce que les quelques vestiges d'indépendance et de libre arbitre qui survivaient fussent anéantis, à ce que les dernières libertés disparussent.

L'imminence d'un régime césarien présageait la catastrophe finale quand éclata l'affaire Dreyfus.

L'abcès clérical qui empoisonnait la Nation, paralysait, atrophiait toutes les énergies creva.

Ce fut la crise salutaire.

Jusqu'alors inactif et indifférent le peuple secouant sa torpeur, eut conscience que la République s'écartait de son but, mentait à son programme :

D'un côté, des hommes — des inconnus pour

lui — parlaient de Droit, de Justice, de Solidarité ! De l'autre, la tourbe inommable des repus et des satisfaits, cramponnés à leurs privilèges, éperdus, cherchait à détourner le courant irrésistible d'opinion qui menaçait d'emporter les derniers vestiges d'un édifice vermoulu.

Là, c'était la lumière et la vérité ; là-bas c'était la nuit et le mensonge.

Ici on invoquait l'innocence, on criait justice et pitié ; plus loin on réclamait la torture, le bagne, la damnation éternelle.

Les prêtres du Christ — un innocent supplicié lui aussi — *demandaient une descente de lit en peaux de Youpins, afin de la piétiner matin et soir* (15e *liste rouge*).

Les officiers de l'armée française, superbes d'impudence, *attendaient impatiemment, à la frontière, l'ordre d'essayer les nouveaux canons et les nouveaux explosifs sur les cent mille juifs qui empoisonnaient le pays* (4e *et* 8e *listes rouges*).

La noblesse de France, la bourgeoisie cupide et féroce, inquiètes, troublées dans leurs jouissances inassouvies, exigeaient que les défenseurs du Droit méconnu fussent :

Jetés à l'égoût.
Détruits avec de l'onguent gris.
Passés à l'huile bouillante.
Etripés.

Saignés.
Distillés.
Ecorchés.
Empoisonnés.
Guillotinés.
Fusillés.
Hachés.
Assommés.
Incinérés.
Cuits.
Farcis.
Rôtis.

Telle était, à cette époque, la mentalité de ce qui constitue les « classes dirigeantes » et les « supériorités sociales ».

Ne venait-on pas, d'ailleurs, d'instaurer un patriotisme spécial à leur usage et avec lequel ils pouvaient tout absoudre même les pires turpitudes.

C'est ainsi que tout devint « *patriotique* » aux adeptes de cette religion nouvelle quand leur intérêt de classe fut en jeu. Nous eûmes alors le mensonge patriotique, le faux patriotique, le suicide patriotique.

Estherazy, traître et proxénète, enfant chéri du

noble faubourg, souteneur à quatre galons, personnifia l'honneur et le désintéressement.

⁂

Quand ces partis qui, à leur profit, avaient absorbé les forces vives de la nation et tenté de substituer au régime républicain le règne du sabre et de la croix, furent délogés du pouvoir, il fallut procéder à une épuration complète des grandes organisations de l'Etat. Il était urgent d'expulser la meute romaine de tous les fiefs qu'elle avait conquis, de laïciser toutes les institutions, d'arracher enfin le pays à la pieuvre cléricale qui l'étreignait, l'étouffait de ses mille tentacules.

Cette besogne faite, on pourrait aborder les graves problèmes sociaux écartés depuis si longtemps.

Magistrats, fonctionnaires s'inclinèrent — la mort dans l'âme — devant les premières lois de défense républicaine. Le silence se fit dans leurs rangs et, matés sinon convaincus, ils acceptèrent d'être — au moins apparemment — des serviteurs respectueux du gouvernement.

Une seule institution resta réfractaire, intransigeante : l'Armée.

Elle se dressa orgueilleuse et menaçante contre

la Démocratie, agitant le drapeau de cette même République qu'elle avait charge de défendre et qu'elle s'apprêtait à détruire.

Armée de débâcle et de coups d'Etat, à l'abri de tout contrôle parlementaire, elle prétendit monopoliser toutes les vertus et se livra au plus éhonté cabotinage qu'on ait jamais vu.

Avachie par trente ans de paix, démoralisée, tarée par l'oisiveté et les orgies des vies de garnison, elle incarna toutes les ambitions déçues, tous les appétits, toutes les rancœurs et les haines de la faction religieuse, capitaliste et tripoteuse dont elle se constitua la Grande Protectrice.

Dans la main de la Congrégation qui l'avait façonnée à son image, elle fut le suprême espoir de l'Eglise, rêvant de rétablir son ancienne et despotique autorité.

Adulée, cajolée par toutes les épaves des régimes déchus, elle oublia la frontière mutilée, la France amputée, pour ne songer qu'à être l'instrument nécessaire, indispensable à la révolution cléricale et monarchique.

Pour elle, le cri de « vive la République » fut une manifestation séditieuse ; l'officier libre-penseur un individu dangereux, amoral, qu'on devait traiter en paria ; les hommes d'Etat des êtres tarés, mûrs pour le bagne et qu'il fallait expédier vers Cayenne ou Lambessa.

C'était là le résultat de 25 ans de domination bourgeoise, de 25 ans de mensonge, d'hypocrisie, de despotisme, de marchandages et de spéculations usuraires.

∴

Donc vers 1898, les officiers étaient en révolte ouverte contre la République.

Dans les feuilles soutenues par l'or de Jaluzot, ces Messieurs avaient déclaré une guerre sans merci au Gouvernement, lui jetant à la face leur haine et leur dédain.

Ils en avaient assez de cette gueuse de Marianne, les parlementaires avaient f... dans leurs bottes, et ils étaient bien décidés à descendre dans la rue, comme les y conviait Drumont, et à faire cause commune avec les hordes cléricales déchaînées.

Comment s'écroula la criminelle enteprise tentée contre la nation par les éternels ennemis du progrès de l'esprit humain ? Comment la République ne sombra-t-elle pas dans la tourmente sous les coups furieux que lui portaient la Congrégation et les prétoriens ? Comment les bandes soldées qui terrorisèrent un moment Paris n'eurent-elles pas raison du fantôme gouvernemental que nous avions alors ? Ce fut miracle.

Et ce ne sera pas sans une véritable stupeur que l'historien, portant demain ses investigations dans le domaine politique de ces trois années 1897, 1898, 1899, et mettant en lumière tous les évènements qui se déroulèrent et dont la plupart sont encore inconnus aujourd'hui, constatera à quelles fragiles circonstances le parti démocrate dut la victoire.

Quoi qu'il en soit, un fait brutal se dégageait de toute la période d'agitation qui avait entouré la fin du septennat de Félix Faure : l'Armée chargée d'assurer l'ordre intérieur, de faire respecter les institutions s'était insurgée contre la loi, avait pactisé avec ceux qui voulaient rétablir la royauté ou l'empire.

En 1899, lors du procès devant la Haute Cour de Justice, on avait trouvé dans les papiers dépouillés par la Commission d'Instruction, les preuves que 10.000 officiers avaient offert leurs services aux prétendants qu'ils s'appelassent Victor Bonaparte ou Philippe d'Orléans.

A Longwy, dans la Meurthe-et-Moselle, à un kilomètre de la frontière Belge, à vingt kilomètres de la frontière allemande, un bataillon de chasseurs à pied se tenait prêt à servir d'escorte d'honneur au duc d'Orléans et trois officiers avaient accepté de se rendre en uniforme à Autel-Bas (1), aux côtés de l'Altesse royale pour lui faciliter le passage de la frontière.

Pourquoi, en haut lieu, recula-t-on devant les révélations de ce complot dont on tenait tous les fils ? nous l'ignorons.

Craignit-on d'affoler l'opinion publique, si impressionnable, en lui apprenant la félonie des 10.000 officiers factieux ? Ou ne voulut-on pas donner à l'étranger le lamentable spectacle qu'offrait notre armée nationale ?

Scrupules injustifiés, faiblesses coupables, de récents évènements l'ont prouvé. Le complot continue.

Dans tous les cas, un silence de plomb s'étendit sur ces criminelles intrigues, et la Haute Cour de Justice ne voulut pas connaître de complicité militaire dans le procès qu'elle instruisait.

Mais une terrible leçon résultait de cette aventure. On avait là les fruits déplorables qu'avait portés la politique d'abaissement et de lâches reculades qu'avait été celle des Ribot, Rouvier, Méline et Dupuy. Il fallait porter remède à cet état de choses. L'impérieuse nécessité d'insuffler un peu d'esprit démocratique dans les administrations et dans l'armée, de rappeler au devoir tous

(1) Près d'Arlon (Belgique).

les salariés de l'Etat quels qu'ils fussent, éclatait avec une évidence incontestable aux yeux de tous ceux que préoccupaient l'avenir, la sécurité, la grandeur de la République.

C'est dans ce corps d'officiers autoritaire et absolu qu'il importait surtout d'agir. Ces personnages ne prétendaient-ils pas, avec leur naïveté et leur suffisance coutumière, limiter leur dévouement à la France seule sans avoir à considérer son Gouvernement ; comme si on pouvait séparer les intérêts d'un pays de ceux du gouvernement qu'il s'est librement donné.

Ramener à l'obéissance et au respect des lois tous ceux qui détenaient une fonction quelconque dans l'Etat ; laïciser nos institutions infestées par la gente cléricale, telle était la double tâche qui incombait aux hommes appelés au pouvoir en juin 1899.

Grande œuvre s'il en fut et de laquelle dépendait le salut même de la Démocratie française.

⁂

S'il est un droit reconnu pour un gouvernement, c'est celui de s'assurer de la fidélité politique de ses fonctionnaires, déclarait récemment M. Thalamas dans l'*Action*.

Et il ajoutait :

« Je sais bien que l'exercice de ce droit serait
« fort simplifié si les adversaires d'un régime po-
« litique *avaient l'honnêteté de ne pas deman-*
« *der à le servir* : je ne consentirais pas pour mon
« compte à demeurer une heure le subordonné
« d'un empereur, d'un roi ou d'un pape. Je sais
« bien aussi que l'exercice de ce droit est délicat
« dans une République et doit être proportionné
« à la nature de la fonction publique. Mais, enfin,
« il est clair que l'on n'a pas le droit d'équivoquer
« en disant qu'on sert la France et pas l'Etat, at-
« tendu que chez nous le gouvernement est le re-
« présentant de la volonté nationale exprimée par
« le suffrage universel et que la France et lui ne
« font qu'un. Il est certain aussi que si l'on peut
« se borner à demander aux agents de gestion
« une correction extérieure qui implique l'adhé-
« sion aux principes de notre droit constitution-
« nel, *il est légitime que l'on exige de ceux d'en-*
« *tre eux qui parviennent aux grades supérieurs*
« *des garanties plus grandes de fidélité politique.*
« Il est sûr aussi que, pour les agents d'exécution,
« le loyalisme politique doit être absolu : un gou-
« vernement n'est pas viable s'il ne peut donner
« en toute sécurité des ordres à la force publique
« pour assurer l'exécution des lois, et s'il ne peut
« recevoir d'elle, en toute sécurité, les renseigne-

« ments capables d'éclairer ses décisions et ses « choix : toutes les fois que la discussion sera « portée sur ce terrain, la solution s'imposera. « C'est pourtant le fond du débat et la raison es- « sentielle des protestations des réactionnaires : « ceux-ci voudraient, en effet, introduire dans « tous les postes de confiance des hommes ca- « pables de trahir à leur profit. Et, au moment de « l'avènement de Waldeck-Rousseau, ils y « avaient en grande partie réussi, si bien qu'il a « fallu prendre contre cette corruption politique « anormale des mesures de précaution exception- « nelles ».

C'est incontestable, dirons-nous, et ce n'était certes pas à la meute hurlante des cléricaux romains et des héritiers des émigrés de 1792 qu'il appartenait de réfuter le lumineux raisonnement de M. Thalamas.

Dans leur indignation de commande contre ce qu'ils appelérent la délation — un mot qui aurait dû les faire rougir — ces gens ne surent, à défaut d'arguments, que brandir leurs armes familières : calomnies, mensonges et injures.

Et l'on vit pour les seconder les blêmes et chlorotiques cercleux épuisés par l'orgie, les barons du pape enrichis dans les tripots, les rastas de haute marque à la boutonnière copieusement fleurie, les habitués du « Scarabée » de pédérastique mémoire, tous les prêtres-pharisiens, tous les marchands du temple ensoutannés : moines joufflus et bedonnants ou talapoins crasseux et pouilleux.

Tout ce monde, toute cette écume de la société moderne se leva pleine de morgue pour parler d'honneur, de moralité, de salubrité publique et affirmer, sans rire, que la République nouvelle conduisait à la corruption, à un désastre irrémédiable.

Ce fut encore dans certaine presse malpropre, une polémique de gros mots et de grosses épithètes. Toute la littérature, tout le répertoire des maisons de prostitution y passèrent.

L'homme que avait provoqué ce remous de vase, ce débordement d'immondices et de vilenies pouvait être fier de son œuvre !

Elaboré dans les arrières boutiques de la Congrégation, dans les confessionnaux et les bouges interlopes, cette campagne de violence, de défi au bon sens français devait infailliblement s'écrouler devant la réprobation générale.

On sait parfaitement comment elle était née. La corruption et le chantage avaient guidé ses premiers pas. Pour précipiter du pouvoir les hommes qui rêvaient pour la République une administration et une armée démocrates, on avait fait appel à la trahison. C'était la tactique favorite de ceux qui pendant l'affaire Dreyfus avaient évolué avec une si incomparable habileté — qui tenait du prodige — dans le maquis ténébreux des faux et des forfaitures.

C'est ainsi que pour quelques poignées d'or à l'un, la promesse d'une grosse sinécure à l'autre — un peu plus comme on le voit qu'il avait fallu pour que Judas trahît le Maître — les documents renfermés dans les armoires de la rue Cadet avaient été livrés, le coffre-fort d'un général cambriolé.

Coïncidence bizarre : à l'heure même où tous les partis à la solde de Rome reprochaient au gouvernement d'avoir voulu connaître quels étaient parmi ses serviteurs ceux qui lui étaient fidèles, on apprenait que les farouches patriotes qui s'étaient solidarisés quelques années avant avec les faussaires, avaient détourné des fonds pour organiser un système d'espionnage à l'égard d'hommes politiques soupçonnés d'être trop dévoués à la Démocratie.

Et ce n'était pas un spectacle banal de voir les officiers du bureau des renseignements, employer l'argent destiné au service du contre-espionnage à moucharder leur ministre même (1).

A cette même époque le journal de M. Judet,

(1) M. de Freycinet, alors ministre de la Guerre.

officier d'état-major de réserve, dénonçait à la vindicte publique les soldats libre-penseurs, appelant sur leurs têtes les foudres cléricales et prétoriennes, réclamant pour eux des châtiments exemplaires.

De son côté le « *Nouvelliste de Bretagne* » adjurait les officiers catholiques de prendre des mesures énergiques contre leurs camarades républicains.

« Et c'est à vous, disait-il, officiers catholiques,
« que je m'adresse, en vous disant :

« Vous êtes encore le nombre, vous formez une
« majorité imposante, grâce à Dieu ! vous con-
« naissez l'ennemi et vous avez à le vaincre.

« De quelle manière ?

« Dans chaque régiment, vous êtes cinq, dix,
« quinze... peut-être plus nombreux : Eh bien !
« que ce noyau s'unisse, se forme en un bloc com-
« pact, et qu'il se soutienne envers et contre tout :
« Comptez-vous et groupez-vous ! »

« Agir : *boycottage complet de tout officier re-*
« *connu, d'une façon certaine, officier franc-ma-*
« *çon.*

« Opposez une contre-maçonnerie, il y va du sa-
« lut de l'armée !

« Rapports de service, rien de plus ! refus de
« lui serrer la main, refus de lui parler, refus d'a-
« voir aucune relation avec lui ou les siens, voilà

« la règle de conduite, absolue et partout appli-
« quée ! »

Un gouvernement digne de ce nom aurait agi, lui ausi. Mais, hélas, la période de recul venait de s'ouvrir. Nous étions au lendemain du fameux ordre du jour Maujean blâmant le ministère Combes d'avoir voulu conjurer le péril césarien en démasquant les traîtres et les fourbes.

Cette manifestation de la Chambre réprouvant les procédés *inadmissibles* du ministre de la guerre restera le témoignage impérissable des sentiments de peur, d'affollement,... d'imbécillité qui, ce jour-là, régnèrent en maître au Palais-Bourbon, quand le parti radical effaré, désorienté, s'inclina devant les sommations outrecuidantes du triumvirat Jaluzot, Syveton, Guyot de Villeneuve.

Trois noms, déclarons-le, qui passeront à la postérité. Les deux premiers ont reçu déjà la consécration de la Justice immanente et... inexorable, le tour du troisième viendra bientôt.

Donc de nouvelles fiches venaient d'être exhumées des cartons des bureaux de la Guerre, *les fiches* de turpitude, comme les appela si justement M. Clémenceau. Elles auraient dû mettre un frein à la fureur des partis de l'opposition en les rappelant à une élémentaire et prudente réserve. Il n'y avait pas seulement. en cette circonstance, des renseignements d'ordre privé fournis par des agents sur leurs chefs immédiats ou sur des personnages politiques, il y avait surtout le gaspillage de crédits destinés à la défense nationale et épuisés frauduleusement. Des mains criminelles avaient désorganisé un des services le plus important, pour satisfaire des haines personnelles ou de misérables intérêts politiques.

Il n'en fut rien, grâce à la veulerie, l'insigne couardise, — nous n'osons dire la complicité, — de ministres incapables qui se terrèrent, favorisant par leur faiblesse toutes les audaces, toutes les effronteries de la réaction triomphante.

On parla d'apaisement — le mot fit fortune — et, pour calmer la meute nationaliste, on sacrifia des officiers coupables de trop aimer la République et de vouloir trop bien la défendre. Ce fut l'ère néfaste ou traqués, injuriés les officiers démocrates crurent leur position irrémédiablement perdue...

Sous une étiquette pacifique un régime de terreur venait de commencer.

∴

Dans cette France, terre traditionnelle de l'honneur et de la vaillance, a soufflé pendant deux ans le vent de la déroute. On a marché de lâcheté en lâcheté, de capitulation en capitulation.

Depuis la chute d'un ministère d'action républicaine, l'œuvre de laïcisation du corps d'officiers a été interrompue ; c'est l'ombre railleuse du père du Lac qui inspire encore ceux qui élaborent les tableaux d'avancement.

Les célébrités de l'affaire Dreyfus, les signataires des listes rouges, tous les compromis dans le complot de 1899 sont aujourd'hui repêchés.... récompensés.

En butte à des vexations incessantes de la part de leurs chefs cléricaux, les officiers républicains s'apprêtent à quitter l'armée où leur lot a été fait d'injustices et d'humiliations.

Cependant, le ministre Etienne déclare devant le Sénat, aux applaudissements de toutes les gauches, que les rapports de ses généraux commandants de Corps d'armée sont unanimes à constater que la camaraderie la plus étroite règne dans les régiments.

Quel cynisme — ou quelle inconscience — de la part de cet homme ; mais quel aveuglement désespérant chez les autres. Nous en sommes encore là : les vieillards qui siègent au Luxembourg ignorent, paraît-il, que notre armée est livrée à la Congrégation romaine.

Le régime de l'équivoque subsiste tout entier

grâce à l'incapacité et à l'incurie d'un ministre !

Il est étonnant que les personnages qui se sont succédé au Pouvoir, depuis janvier 1903, n'aient pas encore songé à récompenser le traître de la rue Cadet : une *grasse sinécure* et la *Légion d'honneur* nous semblaient tout indiqués. Ces faveurs se sont bien abattues sur l'*Autre*.

Il est vrai que l'exécuteur des hautes et basses œuvres de M. Guyot de Villeneuve n'a fait que communiquer des dossiers, il n'a pas éventré de coffre-fort, comme certain officier qui cambriola chez le général Percin...

Nous en sommes aujourd'hui au même point qu'en 1897. Encouragé par la faiblesse des guerriers en redingote qui ont gouverné rue St.-Dominique, la révolte gronde dans l'armée, on y parle de nouveau de chambardement.

Le geste de souffrance et de lassitude du lieutenant Tisserand-Delange condamne les assertions de M. Etienne. Il a traduit, héroïquement, l'amertume, le découragement et toutes les tristesses qui sont dans le cœur des officiers démocrates, sacrifiés parce qu'ils ont le courage d'afficher leurs sentiments républicains.

Une fois encore, le suffrage universel vient de condamner la politique de réaction, et, dans une manifestation superbe, grandiose, d'acclamer la liberté, le progrès et la justice en dépit d'une campagne de violences et de chantage, de calomnies et de mensonges.

C'est au Parlement de demain, aux citoyens investis de la confiance du peuple souverain qu'il appartiendra de purger les administrations et l'armée de tous les éléments cléricaux qu'elles renferment, de fonder enfin, dans ce pays, la République, la République sans étiquette, aux lieu et place de ce gouvernement équivoque que nous subissons depuis trente-cinq ans et qui nous conduirait droit au césarisme si se produisait le coup de force que rend toujours possible la grande multitude des officiers prétoriens.

∴

C'est dans le but de faire conaître aux républicains l'œuvre détestable accomplie depuis dix-huit mois, par le gouvernement, que nous avons réuni en un volume toutes les fiches publiées par M. Guyot de Villeneuve.

Nous avons complété ces renseignements en indiquant toutes les faveurs obtenues par les intéressés.

Le pays appréciera. Il constatera que l'avancement octroyé aux officiers est en raison directe du degré d'aversion que ces Messieurs manifestaient ouvertement contre la République. Il sera édifié sur le loyalisme civique, l'honnêteté politique même de certains ministres et saura, à l'avenir, exiger de ses mandataires une autre conception du devoir démocratique.

Pour terminer, nous exprimons le vœu que cet ouvrage devienne désormais le *livre de chevet* des futurs ministres de la guerre, comme pendant si longtemps l'*Annuaire de l'Armée* fut le bréviaire du Révérend père du Lac.

Robert NANTEUIL.

Paris, mai 1906.

NOTE

Les faveurs obtenues par l'officier, ou le changement survenu dans sa situation, depuis l'époque où des renseignements ont été fournis sur lui, sont indiqués **en caractères gras**, *à la suite de chaque fiche.*

La mention **T 1904**, **T 1905** *ou* **T 1906** *signifie indifféremment* **Tableau d'avancement ou Tableau de concours pour la Légion d'honneur, de 1904, de 1905 ou de 1906.**

ÉTAT-MAJOR GÉNÉRAL DE L'ARMÉE

Généraux de Division

—

De CORNULIER-LUCINIERE, général commandant la 11e division à Nancy, a un fils dans une institution religieuse à Reims. De plus, sa fille doit entrer prochainement dans un couvent.

En retraite

MATHIS, général, commandant la 18e division d'infanterie, à Angers.

Opinions politiques et philosophiques insondables.

Nommé général
Commandant le 15e corps d'armée

ALTMAYER, général, commandant la 33e division (17e corps).

La nomination du général Altmayer à Montauban fut accueillie tout d'abord avec joie, parce que son nom, qui devait venir d'Alsace, semblait garantir des idées républicaines, et, comme on le croyait protestant, qu'il n'était que général de brigade et avait été choisi par le ministère pour remplir les fonctions de divisionnaire, on en concluait que ce général était acquis à la cause républicaine.

Toutes les espérances ont été déçues.

En arrivant à Montauban, entra à un cercle dit des Artistes, cercle réactionnaire où s'organise la lutte contre les républicains. Le 15 juin eut lieu une grande fête pour célébrer le centenaire de ce cercle. A cette occasion, le général Altmayer, dans le rapport du mercredi 11 juin 1902, publia l'autorisation suivante :

(Copier l'extrait 1, entouré de rouge.) Rapport du mercredi 11 juin 1902.

Or ce cercle avait déjà la musique des Frères, fort nombreuse. Le lendemain 12 juin, le colonel Frère, du 11e de ligne, réunit les officiers au rapport et leur dit : « Messieurs, vous êtes invités à vous rendre à la fête du Centenaire des Artistes. »

Au surplus, à l'occasion de toutes les fêtes, les musiciens sont autorisés, nominativement, à se rendre au Petit Séminaire. L'extrait suivant du rapport du 20 juin le démontre surabondamment :

(Copier ici l'extrait 2, entouré de rouge.) Rapport du vendredi 20 juin 1902.

Enfin, il y a quelques jours, un pèlerinage devait arriver de Lourdes. La musique des Frères devait aller à la gare recevoir solennellement les pèlerins. Des musiciens militaires furent autorisés à se joindre à cette manifestation.

Les républicains de Montauban estiment que cet état de choses ne saurait durer plus longtemps et demandent que M. le ministre de la guerre prenne des mesures énergiques pour y remédier.

Fait élever ses enfants au petit séminaire de Montauban.

Va régulièrement à l'église, et se place avec ostentation sous la chaire du prédicateur. A une distribution de prix, où le député Capéran expliquait le regrettable malentendu qui avait existé entre certains chefs démocratiques et l'armée, a répondu d'un air moqueur : « Merci pour l'armée ! » Affecte publiquement de la sympathie pour les officiers anciens élèves des Jésuites et ceux connus pour leur hostilité au gouvernement de la République.

Subit le gouvernement actuel.

Ce serait une faute de lui donner le commandement d'un corps d'armée.

SERVIERE, général, commandant la division d'Alger.

Libéral, sort des rangs. A le tort de s'entourer de réactionnaires tels que le commandant Dupuis.

Nommé général
Commandant le 19e corps d'armée

BESSON, général, chef d'état-major 6e corps (Châlons-sur-Marne).

Cinquante-sept ans ; 2, avenue de Metz.

Marié ; a deux filles.

N'accepte pas la forme du gouvernement actuel. Est un adepte du parti réactionnaire, dans lequel il choisit de préférence ses relations.

Attitude correcte.

Nommé général
Commandant la 12e division d'Infanterie

VEAU DE LA NOUVELLE, général, 19e division d'infanterie, à Rennes.

Nul, arrivé par les mauvais chemins.

ROIDOT, général, commandant la 9e division d'infanterie, Orléans.

J'ignore encore l'attitude du général nouvellement arrivé à Orléans ; mais je constate qu'il a choisi, les généraux ayant en effet le choix de leurs officiers d'ordonnance, le lieutenant Grand, gendre d'un sénateur réactionnaire du Morbihan, M. Rieu, je crois.

A peu près aussi inintelligent que le général Oudri, qui vient d'être nommé général en chef au Mans. Réactionnaire. A pris pour officier d'ordonnance le lieutenant Grand, gendre d'un sénateur réactionnaire du Morbihan.

Généraux de Brigade

ALLOTTE de la FUYE, général, chef d'état-major, 20e corps. Nancy.
Deux fils à Saint-Léopold.
Deux filles instruites chez lui.

Cadre de réserve

MARION, général, commandant la 20e brigade de Cavalerie à Nancy.
Trois filles au Sacré-Cœur.

Nommé général
Commandant la 2e division de Cavalerie

De BENOIST, général inspecteur de cavalerie, Bordeaux.
Absolument réactionnaire. Clérical militant. Officier de mérite professionnel plus que contesté.

d'ESCLAIBES, général commandant la subdivision de Cambrai.
On le dit très bon officier ; mais si on pénètre sur d'autres terrains, on remarque que cet élément eut été mieux placé dans un couvent en troquant son uniforme contre une robe. Va journellement à la messe, communie chaque semaine, favorise les singes qui procèdent par imitation et par calcul ; archiréactionnaire et clérical, par conséquent un vrai loup dans la bergerie. La République et les républicains seraient très compromis s'ils devaient être soumis à sa garde exclusive.

De La BECASSIERE, général, ancien commandant en chef de l'artillerie, actuellement à Tunis.
Ami intime de l'évêque de Nancy.

SEGONDAT, général commandant la brigade d'artillerie, 10e corps Rennes.
Ennemi du ministère, surtout du général André.

Cadre de réserve

PALLE, général, commandant l'artillerie du 15e corps, Marseille.
Veuf.
A un fils sous-lieutenant.
Réactionnaire.
Clérical.

Cadre de réserve

SOLIER, général d'artillerie, 16e corps, Castres.
Clérical enragé, fréquente beaucoup les curés, qui sont reçus chez lui avec beaucoup de déférence. A fait bénir son logement par le curé de la paroisse.

Cadre de réserve

De CHABOT, général, commandant la brigade de cavalerie à Dijon.
Clérical militant ; presque ouvertement hostile à la République, et se fait remarquer par son hostilité envers le général André, dans ses conversations.
Affecte d'aller à l'Eglise en grande tenue.
Tout ce qu'il y a de plus « cavalerie ». Va, dit-on, être promu divisionnaire ! ! !

Nommé général de division
Commandant la 6e division de Cavalerie

CHARPENTIER du MORIEZ, général de brigade, Marseille.
Réactionnaire absolu. Clérical à outrance. Est capable de tout pour arriver.
Fourbe au dernier degré ; ferait toutes les bassesses pour faire croire qu'il est dévoué au gouvernement de la République.
Personnifie le mensonge et l'hypocrisie pour tous les gens honnêtes qui le connaissent bien, de quelque parti qu'ils soient.

Développe ostensiblement le *Radical* dans la rue, mais fait élever ses enfants chez les Oratoriens de Saint-Paul.

Pour passer général, a réussi à se faufiler chez le général André, grâce au capitaine Bernard (frère du commandant Bernard, alors au 31e d'infanterie), qu'il ne cessait de combler de prévenances de toutes sortes.

Commandant supérieur de la défense de Marseille

MAUX, général de brigade, état-major, La Roche-sur-Yon.

Cet officier général n'a plus que dix mois à faire avant d'être atteint par la limite d'âge. Il est loin de manifester son attachement à la République, mais n'est cependant pas clérical. Il se laisse trop facilement guider par le capitaine Mollandin, son officier d'ordonnance, qui est un très militant réactionnaire et un fanatique parmi les cléricaux.

Cadre de réserve

De LAPEYROUSE, général, 3e brigade de cavalerie, Evreux.

Plein de morgue et animé du mépris le plus profond pour les institutions républicaines et pour le ministère actuel.

Traite de canailles tous les ministres actuels et tous les républicains.

Dangereux pour la République.

A laisser dans son grade.

Cadre de réserve

O'CONNOR, général, commandant la brigade de cavalerie d'Algérie (Alger).

Réactionnaire et clérical.

Décédé

MAILLAC, général, commandant le génie d'Algérie, (Alger).

Très clérical ; a une fille religieuse.

Pas républicain.
25 septembre 1901.

Cadre de réserve

De MAZIEUX, général, commandant la 1re brigade de cavalerie d'Algérie, (Médéa).

Va à la messe tous les dimanches. Sa femme et sa plus jeune fille vont à la messe tous les jours et à l'église plusieurs fois par jour. Il a six enfants.

L'aînée des filles est en religion.

Clérical intransigeant.

A obligé ses ordonnances à assister à la messe le dimanche.

LEFORT, général, gouverneur de Belfort.

Très travailleur, trop travailleur, a changé trois fois d'idées de janvier 1903 à octobre même année, en ce qui concerne l'application du plan XV, d'où travail décousu, écritures exagérées.

Nommé général de division
Promu Commandeur de la Légion d'honneur

MAYNIEL, général.

Catholique pratiquant ; va régulièrement à la messe. Réactionnaire avéré, mais garde pourtant une attitude assez correcte. Passe pour avoir un caractère assez faible, et subit l'influence du colonel.

Nommé général de division
Commandant la 5e division de Cavalerie

PREVOT, général, commandant la brigade de cuirassiers de Noyon.

Excessivement dangereux. Cache soigneusement ses opinions politiques et religieuses, afin de pouvoir toujours profiter des influences au pouvoir.

Clérical et réactionnaire.

A joué de toutes les personnalités politiques pour arriver. Cultive simultanément toutes les opinions ; a des amis dans tous les camps.

Postule pour le commandement du département de la Seine.

Nommé membre du comité technique de la gendarmerie

ROGET, général, a, jusqu'ici, une attitude correcte. Se tient à l'écart des partis. Ne manifeste pas et ne fréquente que le monde militaire. Met une certaine coquetterie à donner suite aux demandes du préfet et du maire.

Sa nomination en ce moment serait mal accueillie.

Après les élections et la victoire du parti républicain, elle surprendra, mais ne causera pas d'émotion. Sera acceptée comme manifestation de magnanimité.

Le général Roget est appuyé par le commandant du 7e corps, qui le considère comme un officier de grande valeur.

Commandant la 28e brigade d'Infanterie

De NONANCOURT, ancien colonel du 37e régiment d'infanterie à Nancy, actuellement général de brigade à Toul.

A un ou deux fils à l'école de Saint-Sigisbert.

Commandant d'armes du camp de Châlons

BLANCQ, général de brigade.

Envoyé à Compiègne pour commander provisoirement une division ; passe dans la garnison pour être aussi incapable de commander une division qu'une brigade. Ne monte pas à cheval ; peu intelligent, mais très adroit ; arrivera certainement à un corps d'armée, s'il continue à montrer auprès des fonctionnaires des opinions républicaines, qui ne sont pas les siennes vraies, et, dans l'armée, des opinions nationalistes. (Ici une diffamation.)

Nommé successivement général de division et général commandant le 16e corps d'armée

DAVIGNON, général, 28e brigade d'infanterie.

Nationaliste, ancien chef de cabinet sous le ministère Cavaignac. Est resté sous Galliffet. Très fin et très habile. Les chefs étant tous très mauvais, les subalternes suivent.

Nommé général de division
Commandant la 20e division d'Infanterie

BIZOT, général, 82e brigade.
Bonapartiste.

Nommé général de division
commandant la 18e division d'infanterie

De LESTAPIS, général, 10e brigade d'infanterie, Paris.

Ne fréquente que les personnes opposées à la République. Partage les mêmes vues. Profondément clérical. Excessivement ambitieux. Devenu plus réservé depuis quelques (mot qui manque) dans ses appréciations, mais n'est pas moins resté au fond très hostile au gouvernement et surtout au ministre de la guerre, dont il tourne les actes en ridicule. Dangereux pour la République.

En retraite

LACHOUQUE, général, commandant la 11e brigade d'infanterie, Paris.

Caractère craintif, désireux de ménager tous les partis. Exemple : a son fils à l'école congréganiste Bossuet, correspondant au lycée Louis-le-Grand, ce qui lui permet de répondre, suivant l'opinion qu'il suppose à la personne qui l'interroge sur l'éducation qu'il donne à son fils : « Mon fils est chez les prêtres » ou « Mon fils est au lycée Louis-le-Grand ». A évidemment ses sympathies du côté clérical, et voudrait bien arriver si possible à la troisième étoile, mais craint de se compromettre. A pour officier d'ordonnance le capitaine Pilzer, d'origine hongroise, entré à Saint-Cyr après s'être fait naturaliser ; ne peut pas avoir d'opinions politiques bien arrêtées, mais se laisserait facilement guider dans la bonne voie.

Nommé général de division
Commandant la 3e division d'Infantie coloniale

SILVESTRE, général, commandant la 12e brigade d'infanterie à Paris.

Actuellement chef de la mission française en Mandchourie ; arrivé depuis peu à la 12e brigade, venant de l'Elysée, où il était officier d'ordonnance du président. Caractère fermé, demi-sourire stéréotypé sur les lèvres, soigneux de ne pas laisser deviner ce qu'il pense ; très probablement d'idées peu avancées ; surtout arriviste. A, comme officier d'ordonnance, le capitaine d'Acher de Montgascon, le plus pur produit des établissements de Jésuites ; obsédé par les craintes de la franc-maçonnerie, qu'il considère comme l'incarnation de Satan ; sournois, hypocrite, capable de toute trahison ; devrait être exclu de la garnison de Paris. Démissionnerait alors et débarrasserait l'armée.

De CHALENDAR, général, 14e brigade d'infanterie à Paris.

Antigouvernemental, opposé surtout au ministre actuel de la guerre. Donne toutes ses préférences aux officiers professant des opinions réactionnaires et cléricales. Il n'hésite pas à tracasser et à entraver la carrière de ceux ayant seulement des idées libérales.

Dangereux pour la République.

Cadre de réserve

HUMBEL, général, commandant la 47e brigade d'infanterie, à Bergerac.

Du général Humbel, ces paroles, il y a quelques semaines :

L'armée doit aimer la République comme le malade aime le fossoyeur !

prononcées devant de nombreux officiers. Fera l'objet d'une question à M. le ministre de la guerre à la rentrée des Chambres.

Absolument réactionnaire.

Commandant la 58e brigade d'Infanterie

d'IVOLEY, général de brigade, 54e brigade à Gap.

Réactionnaire et clérical très militant. Adversaire très résolu du gouvernement et de la République.

Critique tous ses actes, et n'aspire qu'après son renversement. A profité de son séjour à Montélimar pour tromper la bonne foi du Président de la République et obtenir de l'avancement. Continue à être dans les meilleurs termes avec les réactionnaires qui se sont rendus coupables de l'incident du 22e. Très flatteur ; tous les moyens lui sont bons, surtout pour son intérêt personnel ; n'a de rigueur que pour les officiers républicains ; se sert de termes déplacés lorsqu'il parle du ministre de la guerre. Continue ses platitudes auprès du président de la République. Vue très mauvaise. Ne mérite aucune faveur de la République.

Cadre de réserve

De FRANCE, général de brigade à Chambéry.

Clérical et réactionnaire ; assiste presque tous les jours à la messe, et ne proposait pour l'avancement, étant colonel, que les officiers et les sous-officiers qu'il voyait aux offices. Dans les réceptions d'officiers au Cercle, il terminait toujours ses discours par un toast à Dieu et à la France.

Cadre de réserve

d'ENTRAIGUES, général de brigade.

Nationaliste, clérical ; affiche publiquement ses sentiments d'hostilité pour la République ; mauvais pour les républicains.

Nommé général de division commandant la 2Ce division d'infanterie

PENAUD, général, commandant la 65e brigade d'infanterie (Agen).

A été colonel à Brives ; est passé général à Narbonne ; puis est venu à Agen.

Clérical pratiquant ; malveillant pour toute personne connue comme attachée à la République. Paternise ostensiblement les œuvres cléricales ; répond invariablement par une fin de non-recevoir à tout ce qui est laïque, avec cette nuance qu'il a ses pauvres ; *doit être protégé par le général Percin.*

VEDEAUX, général commandant la 66e brigade d'infanterie, Montauban.

Serait le plus réactionnaire des généraux qui décorent Montauban s'il était possible d'être plus réactionnaire qu'aucun d'entre eux.

N'a de relations que chez les légitimistes et les cléricaux, qui sont seuls admis dans ses salons par Mme la générale.

Au point de vue militaire, on le considère comme une complète nullité.

On se demande comment il a pu arriver aux étoiles.

Cadre de réserve

SOUVESTRE, général, commandant la 66e brigade à Montauban.

Républicain, culte protestant. Fait élever ses enfants au lycée.

POTERAT de BILLY, général de brigade à Nevers.

Agréable à tout ce qui porte un nom noble, fait partie du clan réactionnaire clérical. Très insignifiant à tout autre point de vue.

Cadre de réserve

LACOSTE, général de brigade, à Saint-Quentin.

Proposé pour divisionnaire.

Est réactionnaire et affecte dans toutes les circonstances de desservir le gouvernement actuel. Jamais il ne prononce le mot de République, celle-ci étant son cauchemar.

Cet homme s'est toujours abstenu de recevoir les fonctionnaires de la République. Contrairement aux habitudes et aux convenances, il s'est toujours absenté le 1er janvier, depuis qu'il est à Saint-Quentin, pour ne pas être dans l'obligation de parler de la République. Il y a là un parti pris voulu, arrêté, de se dérober pour ne pas prononcer le mot susceptible d'écorcher ses lèvres.

Ce militaire jésuite a déclaré qu'il se possède assez pour n'employer jamais un mot capable de donner prise à n'importe qui, mais il est avéré pour tous... que l'intérêt de la République commande de lui rendre justice en le blotissant où il se trouve, jusqu'à extinction de l'année 1903, où sonnera en plein sa libération.

LACOSTE, général, commandant la subdivision de Saint-Quentin.

Lors de la dernière revue, dite de mobilisation, le colonel du 87e, au moment même de l'arrivée de ce général, fit jouer la *Marseillaise*, comme le comporte le règlement. Mais le général, à qui cet air déplait, la fit interrompre d'abord, puis peu après, pour ne pas contredire la loi et donner une espèce de satisfaction au public réuni en face de la grille, il fit recommencer l'hymne que les étrangers saluent et qu'un général français, aveuglé par les principes réactionnaires, refuse d'entendre (cet incident a eu lieu fin mars).

Les officiers, bafoués par cet étoilé, n'osent pas se plaindre ou le font tardivement, mais ils paraissent disposés à ne plus subir les humiliations que cet indigne supérieur leur inflige pour satisfaire ses bas instincts et s'efforcer de se rendre populaire aux yeux de la troupe, mais au préjudice du commandement ou des officiers subalternes.

Un ami, officier supérieur, me répétait hier : « si le coup d'Etat du 16 mai s'était produit avec l'esprit actuel de l'armée, il eût réussi ».

Cadre de réserve

PEREZ, général de brigade de cavalerie.

Clérical enragé.... .... ..

BAUDENS, général, commandant la 2e brigade de Hussards, Melun.

Je n'ai voulu vous répondre qu'après avoir puisé tous les renseignements possibles au sujet du général Baudens (*qui est mon voisin*) : c'est un clérical renforcé ; non seulement il va à la cathédrale, mais il assiste aux services religieux au couvent de la Visitation, à Meaux, où il se fait conduire en voiture avec sa femme pour les offices. On fait comprendre aux soldats ordonnances à son service qu'il est bon de suivre les exercices religieux et aussi de faire ses Pâques, etc.

Comme tous les généraux et officiers de Meaux, de tous grades, le général Baudens est à Paris continuellement ; j'ignore alors quelles sont ses fréquentations ; mais, à Meaux, le général Baudens représente, dans tout son éclat, l'alliance du sabre et du goupillon.

VILLERS, colonel, commandant.

Vient d'être nommé général de grigade à Cherbourg, il était franchement clérical dans la plus large acception du mot. Malgré son colonel, le 5e était et est un des régiments certainement les meilleurs du gouvernement de Paris, grâce au zèle et au dévouement incessant d'un commandant, dont l'éloge comme républicain et comme officier n'est plus à faire depuis longtemps.

Nommé général de brigade
adjoint au gouverneur de Cherbourg.

État - Major

HELOUIS, colonel hors cadres, état-major du 3e corps, (Rouen).

Parfait sous tous les rapports ; excellentes opinions.

Nommé général. Commandant la 52e brigade d'Infanterie à Clermont-Ferrand.

BONNEAU du MARTRAY, colonel d'infanterie, chef d'Etat-Major du 4e corps, Le Mans.

Comme la plupart de ses subordonnés de l'état-major du 4e corps d'armée, le colonel Martray est un pieux personnage, très pratiquant et, par suite, un parfait réactionnaire !

Seule, la société bien pensante est digne de ses attentions bienveillantes.

Ses enfants ont naturellement reçu une instruction et une éducation absolument cléricales.

Mme du Martray est à la tête de toutes les œuvres cléricales, dites charitables, de la ville.

De MOULINS-ROCHEFORT, colonel de cavalerie, chef d'état-major du 5e corps à Orléans.

Renseignements absolument défavorables.

Peu connu à Orléans.

Nommé général, Commandant la 22e brigade d'Infanterie à Nancy

BAUDOT, colonel de cavalerie, chef d'état-major, 10e corps à Rennes.

Très serviable, très bien élevé, obligeant et même obséquieux au besoin.

Au fond réactionnaire teinté de cléricalisme.

Ses qualités elles-mêmes en font un nationaliste dangereux. Mérite d'être mis en observation.

Nommé général de brigade
Commandant la 12e brigade de Cavalerie

De FERRON, colonel d'infanterie, chef d'état-major, 12e corps à Limoges.

Correct ; serait peut-être meilleur s'il n'était pas en sous-ordre et assez mal entouré.

Nommé général de brigade
Adjoint au Gouverneur de la Place de Lyon

D'ETCHANDY, colonel h. c. chef d'état-major à Orléans.

Les renseignements, très difficiles à recueillir, le donneraient pour avoir des tendances réactionnaires et cléricales.

MAITROT, lieutenant-colonel, sous-chef d'état-major, 6e corps à Châlons-sur-Marne.

Adversaire résolu et sérieux du gouvernement actuel. Aspire ardemment après son renversement, et capable de tout pour obtenir ce résultat.

Clérical renforcé ; grand admirateur des congrégations, avec lesquelles il est et demeure en correspondance constante. N'agit que par et pour elles. A fait élever ses trois fils chez les Oratoriens.

Sera très mauvais s'il arrive dans les grades supérieurs.

Nommé colonel. Chef d'État-major du 6e corps

De PREVAL, lieutenant-colonel hors cadres, sous-chef d'état-major, 6e corps, Châlons-sur-Marne.

M. de Préval habite actuellement Châlons. Il s'efforce d'affirmer des idées républicaines pour entrer dans les vues du général en chef, mais est complètement hostile au gouvernement.

Il se montre sous son vrai jour lorsqu'il se trouve avec des officiers réactionnaires impénitents, et va à l'Eglise avec toute sa famille.

Proposé colonel. T 1905
Promu officier de la Légion d'honneur

De CADOUDAL, lieutenant-colonel hors cadres, à Clermont-Ferrand.

Sentiments politiques et philosophiques très mauvais ; faux républicain ; dangereux ; est l'ami secret des Jésuites, qui avaient passé l'immeuble à son nom. A pris peur lorsque le procureur de la République a fait perquisitionner, et a résilié un bail pour un appartement qu'il avait loué à une congrégation, on ne sait dans quel but. A des rapports clandestins avec les réactionnaires les plus avérés du département, les de Chabnel, de Chazelles, grands chefs du parti clérical et royaliste, qui a encore quelques partisans. Fréquente les meneurs du nationalisme et de l'Action libérale, et critique sans se gêner, lorsqu'il est dans ces milieux, les actes du gouvernement.

Ferait facilement un coup d'Etat pour renverser la République, si l'on en juge par l'apologie qu'il a faite, devant certains officiers de plusieurs régiments de la garnison, des évènements de Serbie. Se dit pourtant républicain auprès des autorités, et cherche même à démontrer qu'il ne peut être que cela, par certain fait se rapportant à un de ses ancêtres. Loyola et Torquemada. Se méfier.

MENISSIER, lieutenant-colonel, attaché à l'état-major du 19e corps d'armée (général Caze).

Sorti de Saint-Cyr en 1874, est lieutenant-colonel depuis mars 1904, après avoir eu tous ses grades au choix. Originaire de Wissembourg, mais habite Paris. D'un caractère plutôt hésitant, n'affiche aucune opinion publique ; approuve celle de ses chefs.

MICHELER, lieutenant-colonel, hors cadres, état-major à Bourges.

Républicain, libre penseur.

Nommé colonel. Chef d'État-major du 10e corps

THOMAS de COLLIGNY, commandant h. c. à Orléans.

Etait nationaliste à Paris. Depuis qu'il voit ce parti aux abois, il cache soigneusement ses opinions, cependant il a cessé d'adresser la parole à plusieurs officiers de la garnison, sur le simple soupçon qu'ils sont francs-maçons. En somme suspect. Se méfier.

Proposé pour lieutenant-colonel (T 1906)

De LARMINAT, commandant.

Officier de valeur ; breveté d'état-major ; mais *clérical très militant* ; a été vu plusieurs années consécutives accompagnant, en tenue bourgeoise, le dais à la procession de la Fête-Dieu. Vient d'être affecté à l'état-major du 3e corps d'armée, à Rouen. Tous ses enfants, cinq sur huit, les autres étant en bas âge, sont élevés par les congréganistes.

MALCOR, commandant, chef d'état-major de l'artillerie, 4e corps au Mans.

Etale au grand jour ses opinions cléricales et réactionnaires. A été vu suivant le dais, en tenue bourgeoise, le jour de la Fête-Dieu.

Ses enfants sont élevés dans les écoles congréganistes.

Nommé lieutenant-colonel au 29e d'artillerie

FRANÇOIS, commandant h. c. 5e corps à Orléans.

Absolument mauvais. A dit, par exemple, en présence d'un de nos frères, qui est son subordonné : « Tous les francs-maçons sont des voyous ! »

A pris part, le 14 juillet dernier, à une manifestation *vive l'armiste*.

Clérical convaincu, ne quitte guère l'église et le confessionnal. Très raide avec les républicains qu'il traite de haut. Suit les processions avec recueillement. Mauvais, très mauvais.

Nommé Lieutenant-colonel au 15e régiment à Castelnaudary

FERRY, commandant, chef d'état-major, artillerie 9e corps à Tours.

Réactionnaire et clérical.

BREZET, chef d'escadron, état-major, 12e corps à Limoges.

N'a jamais manifesté d'opinions politiques. Passe pour n'être pas républicain.

Nommé lieutenant-colonel au 21e chasseurs, à Limoges

ROBERT, état-major du 20e corps à Nancy.

Jésuite de robe courte, antirépublicain.

FAVIER, à l'état-major de la 15e division à Dijon.

Opinions inconnues ; ne manifeste rien.

ENTZ, commandant d'infanterie, chef d'état-major de la 18e division, à Angers.

N'est plus à Angers. A été envoyé avec avancement comme lieutenant-colonel à Toul. Ici, c'était un clérical militant et réactionnaire, nationaliste à tous crins. C'est par son intermédiaire que tous les réactionnaires obtenaient pour leurs protégés, faveurs, dispenses, avancements, etc. C'était leur homme. Il doit continuer à Toul le même jeu, qui lui a si bien réussi.

Nommé lieutenant-colonel au 146e régiment à Toul

GARRUS, commandant hors cadres, chef d'état-major, 32e division à Perpignan.

Peu expansif, se tient sur la réserve en ce qui concerne les opinions politiques. Imbu de l'esprit clérical, souple, conciliant, flaire le vent, prêt à se tourner du côté le plus avantageux. Ne transigera jamais avec son esprit clérical.

De BAZELAIRE, chef de bataillon, chef d'état-major de la 32e division, (17e corps), à Montauban.

Ne cache pas ses opinions cléricales, va régulièrement aux offices religieux. Fait élever ses enfants au petit séminaire. Est en rapports suivis avec les membres du clergé.

CHARTRER, commandant hors cadres. Chef d'état-major, 34e division à Toulouse.

Réactionnaire ; clérical ; a fait élever ses enfants chez les Jésuites, au Caouson de Toulouse.

Demande une bourse pour son fils candidat à Saint-Cyr ou à Polytechnique.

Le conseil municipal donne un avis défavorable. Mais il l'obtiendra quand même. Cela s'est déjà vu pour d'autres.

CHAPLAIN, commandant, chef d'état-major à la 39e division à Toul.

Très mauvais ; réactionnaire.

Nommé lieutenant-colonel sous chef d'état-major au 18e corps

PELLETIER de CHAMBURE, commandant hors cadres, état-major de Remiremont.

Réactionnaire, calotin pratiquant, absolument hostile au gouvernement actuel.

Nommé Lieutenant-colonel au 1er régiment étranger à Sidi-Bel-Abbès

DAUVIN, commandant hors cadres, de l'état-major, Bourges.

Réactionnaire et clérical. Son salon est fréquenté par toute la gent monarchiste et papiste. On y chante des chœurs et on y fait de la musique sous la direction du chanoine Chambonnet (?), directeur de la maîtrise de la cathédrale.

Proposé pour Lieutenant-colonel (T 1905)

MASNOU, commandant hors cadres, (Nancy).

Foncièrement réactionnaire et clérical.

Considère un officier républicain comme une monstruosité, et le dit très haut.

Nommé lieutenant-colonel au 41e régiment à Rennes

LAMBIN (Eugène-Désiré), commandant hors cadres à Montpellier.

Né dans les Ardennes, marié à Montbazin (Hérault) ; est connu comme réactionnaire clérical, suivant les officiers ; relations cléricales.

Nommé lieutenant-colonel chef d'état-major, à Verdun

LEMAITRE, commandant hors cadres, état-major, Grenoble.

Nationaliste clérical, très militant... Prononcera au besoin un discours républicain. Habile à se faire de la réclame. Ambitieux.

GERARDIN, commandant hors cadres.

Alsacien, nationaliste. Réactionnaire et clérical ardent.

PRETET, commandant h. c. état-major, Rennes.

Réactionnaire, en tous cas antiministériel et ne se gêne pas pour le laisser paraître. Clérical.

BRUNDSAUX, commandant hors cadres, Madagascar (reste au numéro 4 au tableau d'avancement).

Le chef de bataillon Brundsaux, a jadis démissionné. Il est ensuite entré dans l'armée comme officier au titre étranger.

Actuellement, il est au titre français, officier de la Légion d'honneur. Figure au tableau de 1902 pour le grade de lieutenant-colonel.

Militaire sans aucune instruction générale ; jaloux, vicieux et haineux. Assez jeune d'âge pour aspirer au généralat ; dangereux sous tous rapports ; insuffisance professionnelle ; idés politiques réactionnaires et cléricales ; manque absolu de sens moral.

Il est fortement recommandé par M. Etienne, député d'Oran, qui, d'ailleurs, ne le connaît qu'imparfaitement.

La L... de Bel-Abbès, dans un moment de surprise

ou d'aberration, a pu donner de bons renseignements sur lui ; mais, désabusée, elle doit, en ce moment, le regretter profondément.

Il est également poussé par le général Galliéni, gouverneur de Madagascar, dont les opinions nationalistes sont bien connues. Le général de Torcy le protège aussi. Brundsaux commandait le bataillon étranger de Madagascar pendant les années 1902 et 1903 ; en a profité pour poursuivre de sa haine féroce les officiers républicains de son bataillon, notamment le capitaine Séront, actuellement chef de bataillon au 128e ; le capitaine Hilaire, le lieutenant Aggery, tous deux à Majunga ; le lieutenant Cornuci, au 1er étranger, à Bel-Abbès.

A plusieurs reprises, a qualifié les maçons et les républicains de canailles, de voleurs, de traitres. Nos institutions, les membres du gouvernement étaient constamment l'objet de ses quolibets, de ses insultes et de ses outrages.

Plusieurs des sus-nommés pourront en témoigner.

(Ici une diffamation).

Il est de toute nécessité d'empêcher cet officier d'arriver ; brutal avec ses inférieurs, il doit être plat et courbe l'échine avec ses supérieurs. Capable de commettre n'importe quelle mauvaise action pour parvenir ; il serait du plus fâcheux exemple de lui faciliter l'accès des hauts grades.

Nommé lieutenant-colonel
au 1er étranger. à Sidi-Bel-Abbès

5e Brigade d'Artillerie, à Orléans.

LACAUX, chef d'escadron h. c., chef d'état-major.

Pilier de sacristie, fréquente assidûment l'église et suit dévotement les processions. Lorsque fut organisé, en 1903, le banquet offert par les comités républicains et la Loge... aux députés et sénateurs du Loiret, et présidé par le général André, le ministre de la guerre désira que les généraux de la place fussent invités. C'est M. Lacaux qui, en l'absence du général Seriot, reçut les deux délégués, qui n'ont pas oublié l'attitude glaciale et presque impolie de ce commandant qui ne les invita même pas à s'asseoir.

Service Géographique.

ABET, chef de bataillon d'infanterie hors cadres.

Nommé en 1896 au service géographique par le général de Boisdeffre, ami de la comtesse de Bourgogne, belle-mère de M. Abet. Nommé chef de bataillon au choix en 1900, il ne quitta le service géographique que pendant quelques semaines. Il vient, par décision ministérielle du 2 mars 1904, d'être nommé hors cadres au service géographique, où il était simplement détaché.

Il habite un hôtel rue de Chalaneilles, 9.

Il a de la fortune (20.000 francs de rente environ) ; il est abonné au journal le *Gaulois* ; son fils est externe au pensionnat Sainte-Clotilde, 121, rue de Grenelle, dirigé par les Frères de la doctrine Chrétienne.

C'est un clérical et un réactionnaire discret et prudent ; il occupe ses loisirs à écrire une histoire de la famille de sa femme.

Le *Gaulois* du 11 décembre 1900 contenait à ce sujet l'entrefilet suivant :

« La famille de Bourgogne nous a donné un pape, Calixte II... La famille de Bourgogne descend d'Aldebert, duc de Lombardie ».

On peut se demander si toutes les faveurs qu'à eues le commandant Abet n'auraient pas été mieux placées sur la tête d'un officier républicain, et s'il ne serait pas urgent de prendre des mesures pour surveiller le recrutement du service géographique.

THIEBAUT, N.-M.-F., commandant d'infanterie breveté, hors cadres.

Venu au service géographique comme capitaine, sur la recommandation du général Pendezec ; originaire du même pays.

Lisait le *Matin*, avant sa nomination de commandant, et, le lendemain, arborait *l'Echo de Paris*.

Les bruits les plus graves circulent sur le compte de cet officier. (*Ici une diffamation*).

BERTHAUT, colonel d'infanterie, au service géographique.

Caractère froid et très réservé. Orléaniste à tous crins. Doit son avancement au duc d'Aumale et au général Billot. Son frère, officier démissionnaire, a été secrétaire particulier du duc d'Aumale.

Clérical intolérant. Préfère à la République le gouvernement monarchique, quel qu'il soit.

Escompte la chute du gouvernement actuel au profit de son avancement.

Le colonel Berthaut ne mérite aucune confiance de la part du gouvernement ; mais... il est devenu ; en somme, un adversaire peu dangereux.

Nommé général de brigade
Sous-chef d'état-major de l'armée
Directeur du Service Géographique

GAFFIOT, lieutenant-colonel.

Réactionnaire ardent et militant, il est absolument dévoué aux jésuites. Beau-frère du P. Lagrange, prieur de l'Ordre des Prêcheurs, ancien officier d'ordonnance du général Davout, en relations intimes avec les généraux Billot et Canonge, avec le lieutenant-colonel Rousset, avec le sous-intendant Bolot, avec le commandant Pottier, avec les députés nationalistes de la Seine, le lieutenant-colonel Gaffiot, est un officier à éloigner du gouvernement militaire de Paris. Or le plan des réactionnaires est le suivant :

Remplacer le général Bassot par le colonel Berthaut ; remplacer le colonel Berthaut par le lieutenant-colonel Gaffiot. Le service géographique resterait ainsi sous leur entière dépendance.

Il y a intérêt à faire échouer cette combinaison, fortement appuyée par le général de Boisdeffre, dont l'influence occulte sur le service géographique n'a jamais cessé de s'exercer. Pour briser ces tentatives on pourrait nommer comme directeur du service géographique le général Lachouque. Cet officier a déjà été employé audit service.

En outre, au point de vue politique, il paraît présenter des garanties suffisantes.

Il est bon à tous égards.

Passé au 3e tirailleurs
et proposé pour colonel (T 1906)

Ecoles

Ecole Supérieure de Guerre

AUGER, lieutenant-colonel, du 69e d'infanterie. Détaché.

Idées politiques vagues, neutres, à tendances plutôt républicaines ; esprit très droit ; idées religieuses peu accentuées, très larges ; ne pratique pas.

Membre du Comité technique de l'Infanterie

JARDIN, lieutenant-colonel hors cadres. Professeur.

Idées politiques à tendances républicaines, mais peu accentuées. Idées religieuses très vagues. Ne pratique pas.

Proposé colonel (T 1906)

VERRAUX, lieutenant-colonel hors cadres. Professeur.

Idées politiques indécises mais plutôt républicaines ; a des relations avec des personnalités franchement républicaines. Mais sa mère, qui habite Versailles, se pose en réactionnaire cléricale intransigeante. Peu ou *pas* d'idées religieuses. Ne pratique pas.

Proposé colonel (T 1905)

DEFFONTAINES, commandant hors cadres. Instructeur d'infanterie.

Réactionnaire et clérical militant, mais d'une manière très habile et très souple.

Catholique pratiquant ; l'idée religieuse domine tout.

Nommé lieutenant-colonel

TOULORGE, commandant hors cadres. Professeur.

Fait partie du grand nombre d'indécis qui iront du côté du plus fort. Paraît avoir certaines tendances cléricales, mais peu accentuées. Accompagne sa famille à l'église, mais l'idée religieuse est loin de l'obséder.

Les idées philosophiques et générales paraissent dominer l'idée religieuse. Le tout à l'état *superficiel*.

Proposé lieutenant-colonel (T 1905)

MALLETERRE, commandant hors cadres. Professeur.

Clérical pratiquant et sectaire. A la conviction politique de ses croyances religieuses. Très habile, très intrigant, très souple.

Proposé lieutenant-colonel (T 1905)

De MAUD'HUY, commandant hors cadres. Professeur de tactique d'infanterie.

Monarchiste, mais ne le manifeste pas. Correct. Catholique pratiquant.

Idées philosophiques et générales subordonnées à l'idée religieuse catholique.

Nommé lieutenant-colonel

Ecole de Joinville-le-Pont

CHANDEZON, commandant.

Etait très bonapartiste ; se dit aujourd'hui républicain, et se dira demain royaliste, s'il croit que cela peut le servir ; clérical convaincu et incorrigible.

A, paraît-il, dans le Puy-de-Dôme, un beau-frère docteur en médecine, ami de M. Guyot-Dessaigne. Etait en froid avec lui depuis longtemps, et n'a repris les relations qu'à l'avènement du cabinet de défense républicaine.

Son fils, âgé de seize ans, reçoit son instruction

dans une jésuitière. L'a retiré à la même époque, pour le placer au lycée Charlemagne.

Sans volonté et sans conviction. Sera républicain tant que la République sera forte, mais a trop peur des responsabilités pour être jamais dangereux, quelle que soit la situation qu'il occupe.

Nommé lieutenant-colonel au 126e régiment à Toulouse

Ecole Saint-Cyr

RINGEISEN, chef de bataillon.

Très mauvais, clérical enragé, très hostile à la République. A l'esprit de caste très développé et une haine profonde pour l'officier ne sortant pas de Saint-Cyr. Très ambitieux, quoique d'extraction roturière, affecte les allures et les manières du parfait gentleman réactionnaire. N'est pas à sa place à la tête d'un bataillon appelé à faire des officiers destinés à une armée démocratique et républicaine. A déplacer et surtout à ne maintenir à aucun prix pour l'avancement, tant qu'il n'aura pas changé d'opinion.

RINGEISEIN, commandant.

Officier suffisant et insuffisant, placé à Saint-Cyr par le directeur de l'infanterie ; paresseux ; sans valeur militaire, et jugé comme tel par les élèves, les égaux et les supérieurs d'esprit large. Réactionnaire ; méprisant ses subordonnés. Chargé de faire les conférences sur *le Rôle social de l'officier*, les a fait rédiger par le lieutenant Mayer, de son bataillon, et s'est contenté de les lire mot à mot. Officier à arrêter, aussi bien au point de vue politique qu'au point de vue militaire. Sa présence à Saint-Cyr ne s'explique pas.

Tous les officiers de cavalerie sont réactionnaires plus ou moins militants ; le plus mauvais à cet égard est le lieutenant marquis *de Wasclary* (?), dont le fils va au séminaire.

En retraite

De BOUILLANE de LACOSTE, commandant.

Officier d'ordonnance du président de la République.

Les cléricaux sont tout puissants à Montélimar. Bourgeois, industriels, fonctionnaires, magistrats, officiers sont cléricaux. Or, ce monde clérical a toujours soutenu M. Loubet, en raison de sa tolérance. C'est donc dans ce monde, par relations, par les relations de famille de Mme Loubet, très cléricale, que le président a pris deux officiers d'ordonnance : le commandant Chabaud, qui s'est brouillé avec sa famille pour prendre l'étiquette républicaine, et le commandant B. de L...

La famille B. de L. fait partie du clan protestant et réactionnaire. C'est l'officier qui est le plus réactionnaires de tous. Ce sont tous des hommes froids, réservés, qui ne se livrent jamais, cachant leur jeu. Il est, par suite, difficile de relever des avatars politiques récents. Mais, lorsqu'il était à Saint-Cyr, alors qu'on ne pouvait prévoir l'évolution actuelle, il ne cachait nullement, au contraire, ses opinions réactionnaires.

Passé avec son grade au 58e régt, à Avignon

VIRY, médecin-inspecteur, Marseille.

Clérical réactionnaire.

Déplore la laïcisation.

A déclaré être « désolé » du départ des sœurs.

Plus soldat que médecin, dur pour son personnel, surtout pour ceux qui font acte d'hostilité envers la calotte.

Joue au général !

Fait défiler devant lui les infirmiers, baïonnette au canon.

Fait commander l'exercice, rectifie les mouvements.

Ne dédaigne pas de faire transporter à la gare ses bagages par des infirmiers traînant une voiture à bras, pour mettre l'indemnité fixe dans sa poche ; s'est fait confectionner, aux frais de l'Etat, par les magasins de réserve, une paire de cantines, qu'il aurait dû payer de ses deniers.

INFANTERIE

1er RÉGIMENT, à Cambrai

BEDEL, colonel.

Prétend avoir des convictions républicaines, mais n'inspire aucune confiance. Son fils est nettement nationaliste.

Fait des déclarations républicaines mais passe pour très douteux. Son fils est absolument nationaliste.

Promu officier de la Légion d'honneur
En retraite

BIGLE, lieutenant-colonel.

Homme du monde. Considéré comme antirépublicain.

Passé, avec son grade, au 36e, à Caen

SOURDAT, commandant.

Elève des jésuites, pratiquant, ne parle pas politique.

DEVAUX, commandant.

Ambitieux. A reçu une éducation cléricale, convictions politiques cléricales.

BUISSOT, commandant.

Fait chorus avec les nationalistes.

3e RÉGIMENT, à Marseille

DURAND, colonel.

Ne pratique d'une façon apparente aucune religion. Républicain sincère, aux idées libérales.

Promu officier de la Légion d'honneur
En retraite

SEMON, lieutenant-colonel.

Opinions très avancées, républicain de la nuance du gouvernement actuel ; anticlérical, tout à fait dans le progrès ; partisan des réformes nécessaires dans l'armée et dans le corps social.

Décédé

JOUSSAUD, commandant.

A demandé sa mise à la retraite. Réactionnaire, mais fort brave homme.

En retraite

PELLETIER, commandant.

Catholique non pratiquant. Réactionnaire.

Promu officier de la Légion d'honneur.
En retraite

BOUTE, commandant.

D'une complète indifférence au point de vue religieux. Quoique réactionnaire, n'hésiterait pas à obéir à une réquisition de l'autorité civile, parce qu'il craindrait trop pour son avancement ; profondément hostile à toute idée libérale.

Promu officier de la Légion d'honneur

DOL, commandant.

Réactionnaire convaincu et catholique pratiquant. A des idées très arriérées et passe son temps à regretter la suprématie du pouvoir civil. Dangereux et fort capable de dissimulation.

4e RÉGIMENT, à Auxerre

CHEVALME, colonel.

Va à la messe. Sa femme quête à l'église. Traite les officiers avec bienveillance et impartialement, sans distinction d'opinions politiques ou religieuses. Paraît être plutôt un croyant qu'un clérical, et, sans être partisan du régime actuel, ne lui fait pas d'opposition.

Va à la messe. Sa femme quête à l'église. Ne fait pas d'opposition au régime actuel.

Digne d'être fortement appuyé.

En retraite

FOULON, lieutenant-colonel.

Très clérical, très hostile au gouvernement actuel. Mêlé à l'affaire du lieutenant-colonel Picquart ; a été très défavorable à cet officier.

Est actuellement au 4e bataillon, détaché en Tunisie.

BESSAN, lieutenant-colonel.

N'a presque jamais fait de service au 4e. Fait actuellement un stage d'un an dans un régiment de cuirassiers de Paris ; comme chef de bataillon, a fait partie de l'état-major du général Chanoine ; impossible de donner de plus amples renseignements.

Se tient à l'écart ; réactionnaire ; officier collet monté, genre d'autrefois. On parle d'un prochain mouvement. Serait au tableau. N'a pas l'allure décidée d'un bon soldat. Est là pour être quelque chose.

Nommé colonel, au 63e à Limoges

NAUTRE, commandant.

Vit retiré. Allure d'ailleurs correcte : rien à dire qui puisse justifier une intervention fâcheuse contre lui.

Chef de bataillon, major. Officier jeune et très intelligent. Sans montrer ses opinions, ne va pas à la messe, et n'a jamais montré d'hostilité au gouvernement actuel.

De LORT-SERIGNAN, commandant.

Correct dans ses actes, mais n'est pas républicain et ne paraît pas disposé à le devenir. Officier d'ailleurs fatigué, vieillot. Paraît devoir arriver difficilement au grade de colonel.

Clérical. Type d'officier du passé. Paraît considérer comme un errement funeste, presque comme une calamité, les évènements actuels.

Ne vit pas avec sa femme. Chef de bataillon depuis 1890 ; ancien attaché d'ambassade ; très clérical ; fait faire les études de son fils, âgé de douze ans, à l'établissement religieux de Saint-Germain, à Auxerre.

En retraite

VIANNEY-LIAUT, commandant.

Commandait en Tunisie le 4e bataillon qui vient de réintégrer le régiment à Auxerre. Peu connu par suite. Mon impression, c'est qu'il y a chez cet officier, avec lequel j'ai eu quelques relations, dissimulation, manque de franchise.

Paraît ambitieux. N'inspire pas la sympathie, le désir de lui être agréable. A ajourner pour plus ample examen.

Promu officier de la Légion d'honneur
En retraite

MARTIN, chef de bataillon.

Officier très intelligent ; ancien officier d'ordonnance du général Thibaudin ; républicain avancé. Vient d'être appelé tout récemment au commandement du deuxième bureau de l'infanterie au ministère de la guerre.

Mérite un avancement rapide à tous les points de vue.

Sous-Directeur de l'infanterie au ministère de la guerre

RELUT, chef de bataillon.

Républicain. Homme du gouvernement. Fait faire les études de son fils, reçu bachelier cette année, dans les établissements de l'Etat.

En retraite

MOREAU, médecin-major de 1re classe au 4e régiment d'infanterie.

Très clérical ; sa femme quête à l'église et fait partie de toutes les œuvres religieuses ayant pour but de drainer l'argent. M. Moreau, dans une conférence sur « l'anti-alcoolisme », regrettait que les « passions politiques aient fait fermer les cercles catholiques militaires ».

N'est pas l'homme du gouvernement.

VERDIER, capitaine.

LIMAL, capitaine.

LEFEBVRE, lieutenant.

DONZEL, lieutenant.

MARTIN-MORICE, lieutenant.

BAILLE, lieutenant.

Tous officiers réactionnaires militants ; fréquentent assidûment les églises et le monde clérical de la localité. Ont organisé une quarantaine contre deux lieutenants israélites du régiment. Font, en ville, de la propagande contre un hôtel tenu par un F.-M., et sur l'ordre du clergé auxerrois.

Ces six officiers sont proposés pour le choix avec d'excellentes notes.

7e RÉGIMENT, à Cahors

JACQUIN, colonel.

Clérical militant forcené. Doit être écarté de toute promotion, sous peine de jeter un défi à l'opinion républicaine.

Nommé général commandant la 7e brigade d'Infanterie à Limoges

POYMIRO, lieutenant-colonel.

Parfait réactionnaire. Se dit très religieux. Affecte des croyances qu'il n'a pas, sachant qu'elles lui ont servi jusqu'alors et espérant qu'elles lui serviront encore.

Au régiment, s'est fait une petite Cour avec les officiers anciens élèves des Jésuites, lesquels d'ailleurs au point de vue du service le haïssent profondément.

Dans le métier militaire, n'a d'autre principe de conduite que l'autorité brutale et absolue. Malmène les hommes horriblement et provoque volontiers des actes d'indiscipline pour avoir le plaisir de les réprimer avec la dernière rigueur.

Comme fait caractéristique, il a critiqué ouvertement et dans une intention malveillante les votes indulgents d'officiers membres du Conseil de discipline ; le scandale a été tel qu'il a provoqué chez un journal républicain du lieu, un article.

Un échange de témoins en est résulté, et le procès-verbal, qui n'a pas été publié, est libellé à sa confusion.

Autre fait tout récent et très significatif de son humanité pour un subordonné : après une manœuvre et en l'absence du colonel, au lieu de rentrer directement à la caserne, à neuf heures du matin, comme il est d'usage, une revue suivie d'un défilé a été passée sur la Place d'Armes ; ce qui a retenu le régiment sous les armes jusqu'à dix heures.

Un homme est tombé sur les rangs, exténué de fatigue et de chaleur, ce qui a provoqué une certaine émotion dans le public.

RENAULT, commandant.

Tout en ne manifestant pas ostensiblement, laisse néanmoins poindre des opinions clérico-réactionnaires très accentuées qui ne le rendent point digne de la bienveillance du gouvernement.

En retraite

9e RÉGIMENT, à Agen

FAURE, colonel.

Absolument antirépublicain ; clérical fanatique ; malveillant pour les sous-officiers et les soldats. Très médiocrement intelligent. Proposé pour général.

Nommé général commandant la 16e brigade d'Infanterie au Mans

NINOUS, colonel.

Se dit républicain, mais certains indices pourraient faire supposer qu'il serait plutôt réactionnaire. Depuis peu de temps à Agen. A besoin d'être encore étudié pour pouvoir se prononcer d'une façon ferme sur ses idées politiques et philosophiques. Passe pour être autoritaire.

LEFEBVRE, commandant.

Va prendre sa retraite. Clérical militant.

Tempérament égoïste et personnel ; il ne laisse aucun regret.

Peu intéressant.

En retraite

10e RÉGIMENT, à Auxonne

DUBOC, colonel.

Très froid et très réservé. A assisté à la messe de première communion de son fils. N'a jamais fait acte d'hostilité au gouvernement.

Difficile de connaître ses opinions politiques et philosophiques. Ça ne doit pas être un républicain bien farouche.

Nommé général commandant la 11e brigade d'infanterie, à Paris

SELLIER, lieutenant-colonel.

Se tient à l'écart de la politique. Ne dit rien du gouvernement actuel, mais il est réactionnaire et clérical.

Ne va pas à la messe et n'a jamais manifesté d'opinions réactionnaires. Paraît plutôt indifférent.

Nommé Colonel commandant le 113e régiment à Blois

BOIS, commandant,

Républicain très avancé ; très anticlérical, n'a jamais caché ses opinions.

Nommé lieutenant-colonel au 31e à Paris

De CREHU, commandant.

Breton et très catholique. Va beaucoup à la messe, membre de la Société de Saint-Vincent-de-Paul ; fait de la propagande réactionnaire très active.

LEROY (Charles-Albert), commandant.

Sans trop montrer ses opinions, paraît réactionnaire. Dans une conférence, faisait l'éloge de la Ligue de la Patrie française. Gendre du général Ruyssen.

Nouvellement promu. Esprit étroit ; ne paraît pas avoir d'opinions politiques bien arrêtées.

En retraite

Promu officier de la Légion d'honneur

POULET, commandant.

Passe son temps à critiquer les actes du gouvernement et à blâmer toutes les mesures que prend le ministre de la guerre. Catholique pratiquant et réactionnaire.

En retraite

Promu officier de la Légion d'honneur

De PIGACHE de SAINTE-MARIE, commandant.

Appartient à une famille royaliste et cléricale. A été élevé chez les Jésuites, et ses trois garçons ont fréquenté, à Dôle, jusqu'aux grandes vacances de 1903, l'établissement des Jésuites ; mais ils vont actuellement au lycée de Dijon. Réactionnaire et catholique pratiquant.

RONDOT, commandant.

Catholique pratiquant. A des idées hostiles au gouvernement actuel. Ne se gêne pas, à l'occasion, de montrer qu'il n'est pas partisan du gouvernement républicain.

BURGUET, commandant.

N'est qu'un jouisseur qui a postulé les fonctions de commissaire du gouvernement près le Conseil de guerre de Nancy pour ne rien faire, car il laisse toute la charge du service à ses adjoints.

Nationaliste.

Commissaire du gouvernement près le Conseil de guerre de Nancy

BLANDIN de CHALAIN, capitaine.

Proposé pour l'avancement. Farouche royaliste ; ancien élève des Jésuites de Dôle, assiste régulièrement aux assemblées périodiques de ces derniers ; par son caractère plat, saura se faire recommander par des membres de la majorité ministérielle actuelle. A surveiller et à recommander défavorablement en haut lieu.

MENETRIER, capitaine.

Clérical très militant, ne cesse de calomnier le gouvernement actuel, les francs-maçons et les libres-penseurs. Il est proposé au choix.

11e RÉGIMENT, à Montauban

FRERE, colonel.

Les militants qui l'approchent le donnent comme étant au-dessous de son mandat. Aux dernières grandes manœuvres s'est fait dire par ses supérieurs, devant tout son régiment, qu'il ne savait pas commander.

N'a pas la confiance de ses troupes. Manque de fermeté, de volonté.

Va régulièrement à l'église. Clérico-nationaliste,

demandera bientôt sa retraite s'il n'est pas proposé pour général. L'armée a intérêt à ce qu'il parte.

Promu officier de la Légion d'honneur

HERR, Chef de bataillon.

Physiquement, est presque impropre à faire campagne, très gros, les jambes difformes, marche difficilement. Fait élever ses enfants au petit séminaire, et déclare que, si on lui en demande la raison, il répondra que c'est pour qu'on ne leur apprenne pas, comme on le ferait au lycée, que les officiers sont des assassins. Fréquente les membres du clergé et les officiers connus pour leurs opinions cléricales. Exprime en toutes circonstances des opinions antigouvernementales, et critique sévèrment les membres du gouvernement. Les influences cléricales voudraient le faire proposer pour lieutenant-colonel. Ce serait une faute.

FLAURANÇAN, chef de bataillon.

Officier à craindre, s'il pouvait quelque chose contre la République. Clérical fanatique, profère des menaces contre *certains* ministres. Dangereux, à ne jamais mettre au tableau. A surveiller.

BOURGEOIS, chef de bataillon.

Clérical, envoie ses enfants au Séminaire, se plaît à redire, comme bravade aux opinions républicaines, qu'il passe ses dimanches à apprendre le catéchisme à ses enfants. Maladif. Sort de l'Ecole de guerre.

Chef d'état-major
de la 5e division d'infanterie

CODET, chef de bataillon.

Reste neutre, on le croit républicain ; envoie ses fils au lycée ; jeune, peut arriver.

DECOURT, chef de bataillon.
Clérical ; n'a pas d'enfants.

PETIT, médecin-major de 1re classe.
Clérical ; envoie ses enfants au séminaire.
Clérical fanatique, en relations suivies avec le clergé et les congrégations. Ennemi juré de la République.

SENS-CAZENAVE, capitaine adjudant-major.
Ancien élève ecclésiastique, fréquente assidûment l'église. Ennemi déclaré de la République.

En retraite

DESNOUS, capitaine adjudant-major.
Usé et impotent ; fréquente ostensiblement l'église ; ses opinions cléricales lui valent d'être proposé par les chefs réactionnaires pour chef de bataillon. A ne pas mettre au tableau.

Nommé chef de bataillon au 112e régiment à Montpellier

MUZARD, capitaine adjudant-major.
Clérical très connu, ancien officier d'ordonnance du général Vincendon ; médiocre ; protégé par le colonel Frère ; avait ses enfants au séminaire. Proposé pour chef de bataillon. Attendre l'ancienneté.

De BELLERIVE, capitaine.
Ancien élève du collège des Jésuites ; ardent clérical, ne fréquente que l'aristocratie ; a ses enfants au séminaire ; affecte du mépris pour les officiers sortant du rang. Très protégé par les réactionnaires, qui font l'impossible pour le faire arriver chef de bataillon. Reste l'instrument des Jésuites. Empêcher son inscription au tableau, dans l'intérêt de la République. Insinuant et dangereux.

NOTEL, SCHNEIDER, TILLARD, CAPELLE, GRANIER, capitaines.

Connus comme bons républicains. Les trois premiers sont libres-penseurs.

VASSAL, lieutenant.

Clérical fanatique bien connu ; a ses enfants aux écoles religieuses. Poussé par les Jésuites ; proposé pour capitaine ; ami du général Altmayer ; prépare l'Ecole de guerre. Complètement hostile au gouvernement de la République. Empêcher son inscription au tableau pour capitaine.

Proposé pour capitaine (T 1905)

RAYNAUD, lieutenant.

Ardent clérical, et à ce titre proposé pour capitaine avec des notes extraordinairement exagérées. Critique publiquement la loi des congrégations. A son argent placé en Belgique, et s'en vante en termes outrageants contre les dispositions financières du gouvernement. Empêcher son inscription au tableau pour capitaine.

12e RÉGIMENT, à Perpignan

ROUSTAN, lieutenant-colonel.

Souple, ondoyant, arriviste ; esprit jésuitique très prononcé.

Clérical pratiquant, il y a quatre ou cinq ans, quand, à Joinville-le-Pont, il notait mal les officiers de l'Ecole de gymnastique qui n'allaient pas à la messe. Cherche aujourd'hui par tous les moyens à se lier avec les personnes influentes ayant les opinions du jour, surtout depuis son inscription au tableau d'avancement. Subit l'influence de sa femme, qui méprise les officiers sortis du peuple, les fils d'instituteurs ou de gendarmes, ceux qui sortent de l'école primaire, les démocrates, comme elle les appelle, ou encore les pignoufs...

Nommé colonel au 126e régiment, à Toulouse

DURAND, commandant.

L'enquête à laquelle je me suis livré sur le compte du commandant Durand, a été très difficile et lente, à raison du genre de vie de cet officier et du peu de relations vraiment sympathiques qu'il compte au 12e d'infanterie, dont presque tous les officiers sont plutôt réactionnaires. Aujourd'hui, je crois pouvoir me déclarer définitivement fixé sur son compte.

Il est venu des colonies souffrant, obligé de suivre un régime sévère, qui l'éloigne nécessairement des autres officiers. Mais, en dehors de cette raison-là, il est peu lié avec ceux-ci, et j'ajoute que ceux-ci ne professent pas pour lui des sentiments de solidarité sympathique, amicale, intime. Pourquoi ? Voilà ce que j'ai voulu savoir ; je suis arrivé à cette conviction que, seules, les opinions du commandant Durand ont pu, en quelque sorte, l'isoler dans ce lieu militaire, plutôt acquis aux idées de réaction. D'après ces symptômatiques avis, le commandant Durand est républicain, anticlérical, partisan du régime actuel et du gouvernement d'aujourd'hui, il ne se répand pas en confidences, quant à ses conceptions personnelles, et il s'abstient de faire de la politique, mais ses convictions ne semblent pas douteuses. Il ne lit que des journaux républicains, et, quand il a l'occasion de rencontrer quelqu'un en qui il puisse placer sa confiance, il s'épanche alors volontiers, et il est d'un commerce charmant.

Dans le service, très aimé des hommes, ne paraît pas souffrir la moindre injustice contre les petits.

Nommé Lieutenant Colonel au 40e régiment à Nîmes

Proposé pour officier de la Légion d'honneur (T 1906)

BOURQUIN, commandant.

Tempérament ardent et prétentieux, manque de souplesse ; paraît neutre en matière politique, mais dans le fond *plutôt clérical*. A de l'indépendance d'esprit.

Chef d'état-major de la 4e division d'infanterie

13e RÉGIMENT, à Nevers

COURSON de VILLENEUVE, colonel.

Aime à recevoir les cléricaux et les Frères ignorantins qui rendent visite à madame et sont toujours les bienvenus au logis. C'est tout dire.

Pas républicain à coup sûr ; clérical ; mais, en somme, poli et correct, quoique fort mal disposé envers les républicains.

En retraite

TREYMULLER, lieutenant-colonel.

Nommé récemment colonel au 133e ; a pu passer pour républicain ; bonnes relations avec le préfet, frère du général ; mais, en somme, fortement conservateur et aimant les particules chez ses invités.

Nommé colonel au 133e régiment, à Belley
Promu officier de la Légion d'honneur

MORGAIN, lieutenant-colonel.

Opinions philosophiques très équilibristes. Se donne en ce moment comme républicain.

BAGUEREY, commandant.

Est du parti des gens qui ont une bonne coupe de veston et qui conduisent bien en tilbury, de l'avis des dames bien pensantes ; au demeurant, nationaliste avéré.

En retraite

16e RÉGIMENT, à Saint-Etienne-Montbrison

De JARNAC, colonel.

Réactionnaire et clérical. Ne fréquente que les adversaires de la République.

En retraite

CARRIER, colonel.

Le colonel C... cache, sous des allures bon enfant, une ambition très grande et surtout une excessive partialité.

Se complait à peupler son régiment de ses créatures, auxquelles il ne faut pas toucher à aucun prix sous peine d'encourir sa rancune.

Doit sa carrière militaire à ses multiples complaisances vis-à-vis de Charles Dupuy ; affecte maladroitement un attachement (récent) aux institutions républicaines et est extrêmement sensible à la moindre recommandation politique.

Sa moralité est tout à fait douteuse, et notoirement il est prêt à tout pour arriver.

Est considéré comme un homme dont les opinions sont exclusivement de surface, et sur lequel on ne peut pas compter.

Ses inférieurs le craignent ; car, sous ses façons bienveillantes, il peut (dit-on) nuire beaucoup.

Cultive l'absinthe systématiquement, et l'heure de l'apéritif est celle où il est le plus accessible.

Arriviste ; fait parade de sentiments républicains ; extrêmement égoïste ; douteux.

De BASTIERS de VILLARD de BEZ d'ARRE, lieutenant-colonel.

Très mauvais, représente le type le plus pur du clérical intransigeant. Manifeste ouvertement ses opinions. Il ne semble guère possible que le gouvernement de la République puisse avoir en lui une confiance absolue au point de vue politique.

Clérical dangereux ; a tous ses enfants chez les Pères, sauf le fils qu'il vient de retirer « pour ne pas nuire à son avancement ».

A écarter définitivement.

Proposé pour colonel (T 1905)

GENIN, lieutenant-colonel.

Le lieutenant-colonel Génin est un homme dont les idées sont d'une étroitesse véritablement remarquable ; incapable de s'élever à une conception générale, il se tient, en tout et pour tout, à la *lettre stricte* du règlement. Au point de vue politique, ne conçoit guère que la politique du sabre, et reste pénétré d'admiration devant les généraux qui ont de *la poigne*, c'est-à-dire ceux qui, de gaîté de cœur, mettraient tout à feu et à sang.

Conduit ses enfants à la messe.

Au demeurant, et mise à part la question règlement, fait preuve d'une assez grande bienveillance.

LACAN, commandant.

Cache ses idées réactionnaires. Esprit étroit, instruction générale très faible. Incapable au point de vue militaire. Individu neutre, sans valeur, sans consistance. Plutôt dur avec ses inférieurs.

Nul sous tous les rapports.

En retraite

BRONNER, commandant, à Montbrison.

Occupe les fonctions de major. A passé toute sa carrière dans les bureaux. Absolument incapable au point de vue militaire. Aurait plutôt des opinions républicaines. Ne pratique aucune religion.

Bienveillant et extrêmement méticuleux.

En retraite

Promu officier de la Légion d'honneur

De PONTUAL, commandant, à Montbrison.

Clérical farouche et intransigeant, mais a le mérite de la franchise. A dû jusqu'ici son avancement à sa particule et se déclare lésé et furieux de ce qu'il a été écarté, cette année, du tableau d'avancement. Adversaire déclaré du gouvernement. Ennemi très net des idées républicaines. A écarter définitivement.

Clérical pratiquant, *royaliste* ; a tous ses enfants chez les Pères.

Proposé pour lieutenant-colonel (T 1906)

COLLE, commandant, Montbrison.

Officier absolument nul, santé mauvaise, n'est susceptible d'exercer aucun commandement.

CHANTAUME, lieutenant-colonel, sous-inspecteur des fabrications, artillerie coloniale, à Saint-Etienne.

Considéré comme dur dans le service, S'abstient systématiquement de toute appréciation politique, et ses idées à cet égard ne sont pas connues, même de ceux qui l'approchent de près.

Tient beaucoup à arriver ; joueur. Fréquente assidûment les lieux de plaisir. A déjà été en garnison à Saint-Etienne, où il a laissé, parmi l'élément militaire, la réputation d'un joueur très âpre au gain.

17e RÉGIMENT, à Béziers-Agde

PLOCQUE, colonel.

Réactionnaire par habitude, par goût, par relations et surtout par suite de l'influence de sa femme, qui est au mieux avec la noblesse et la haute bourgeoisie. N'est pas un adversaire dangereux ; peut être utilement employé si on lui fait espérer des faveurs.

Promu officier de la Légion d'honneur

TRUMELET-FABER, lieutenant-colonel.

Excellent républicain ; dévoué au gouvernement ; disposé à l'appuyer de tous ses efforts ; franc-maçon.

Nommé colonel au 112e Régiment à Antibes

LAUTHIER d'AUBENAS, chef de bataillon.

Professe ouvertement des sentiments opposés à la République et au gouvernement. A l'esprit de caste très accentué. Partisan dévoué des jésuites ; sera dangereux dans les grades élevés.

Proposé pour lieutenant-colonel (T 1905)

De MONTETY, commandant.

Entiché de noblesse et de mondanité. Absolument

fermé à nos idées. Trop prudent pour se déclarer ouvertement contre nous.

Est un ennemi latent.

RUDOLFF, commandant.

Vieux troupier, fermé à nos idées ; grogne après tout le monde, chefs et inférieurs, congréganistes et libres-penseurs, etc.

Pas dangereux de sa propre initiative.

Proposé pour officier de la Légion d'honneur (T 1905)

BARTHE, commandant.

Foncièrement réactionnaire et clérical. Exprime ouvertement sa haine et son mépris pour tout ce qui soutient les idées laïques et républicaines.

24e RÉGIMENT, à Paris

CLERC, colonel.

D'origine bourgeoise, sérieux, d'idées très républicaines, mitigées par un autoritarisme très développé, mais néanmoins bon chef de corps, sur qui l'on peut compter. A, comme lieutenant-colonel, Humbert, républicain ferme et convaincu, très dévoué, malheureusement, pas tout à fait aussi intelligent qu'on pourrait le désirer. Les deux chefs de bataillon présents sont Darré, d'opinions plus que tièdes, et Eckerswiller, incolore et inconnu.

Promu officier de la Légion d'honneur

25e RGIMENT, à Cherbourg

JOYEUX, commandant.

Officier réactionnaire. Farouche clérical et antiministériel bruyant. Critique tout ce qui vient du ministre actuel. Manque complètement de franchise ; a un talent remarquable pour faire retomber la responsabilité de ses actes malheureux sur ses subordonnés, pour lesquels il manque complètement d'égards. Très orgueilleux. Assoiffé de privilèges. Se considère, en qualité d'officier, comme étant d'une essence supérieure, le proclame et agit en conséquence. Affecte un profond dédain pour les hommes de troupe.

Sur trois enfants en âge d'aller en classe, un est chez les prêtres du pensionnat Saint-Paul et un chez les sœurs de la Bucaille.

Officier propre à toute besogne ; jésuite en robe courte. N'est pas à sa place dans une armée républicaine.

TARDIEU, commandant.

Réactionnaire et clérical convaincu.

En retraite

PERROT, commandant-major du régiment.

Clérical d'un orgueil outré, fat, autoritaire, cassant, hautain avec ses subordonnés qu'il vexe à plaisir. Cauteleux, bas et rampant avec ses chefs. Parfait jésuite.

A épousé, en février 1900, une demoiselle de la Breuille, nom aristocratique qu'il a aussitôt accouplé au sien sans doute trop roturier. Se fait appeler couramment Perrot de la Breuille. Exhibe une couronne de marquis sur son équipage et sur tous ses objets et effets personnels où elle peut être placée.

Détesté de ses inférieurs. Personnifie l'officier de caste. Pourrait être dangereux. Aura deux ans de grade de chef de bataillon le 1er octobre 1904.

Passé avec son grade au 128e régiment à Saint-Denis

26e RÉGIMENT, à Nancy-Toul

VAUTIER, colonel.
Réactionnaire et clérical.

Nommé général, commandant la 62e brigade d'infanterie à Rodez

BIOTTOT, lieutenant-colonel.
Réactionnaire et clérical.

Proposé pour colonel (T 1906)

BENOIT, commandant.
Cléricafard qui suit les traces du colonel Vautier, son chef de corps.

Nommé lieutenant-colonel au 115e à Mamers

BULLET, commandant.
Un fils à Saint-Léopold.
Une fille à l'Assomption.

PERRUCHE de VELNA, commandant.
Réactionnaire, clérical. Vient d'être nommé commissaire du gouvernement à Oran. (Naturellement ! ! !)

Au 86e, commissaire du gouvernement près le Conseil de guerre à Oran

HERTEMAN, commandant.
Réactionnaire. Critique tout ce que fait le ministre, quand il se croit dans un milieu réactionnaire ; mais fait le contraire avec ceux qu'il croit républicains.
Bref, c'est un jésuite arriviste.

DURAND, commandant.
Réactionnaire et clérical.

27e RÉGIMENT à Dijon

ISNARD, lieutenant-colonel.

Ne fait pas parler de lui. N'est pas resté longtemps au régiment — un an, je crois, environ. Parti.

Nommé colonel au 7e régiment d'infanterie, à Cahors

PETIT, lieutenant-colonel.

Très clérical, réactionnaire notoire.

Nommé colonel au 32e, à Tours

De CHARGERE, commandant.

Tout ce quil y a de plus clérical. Très engoué de sa particule. N'a pas en odeur de sainteté le régime actuel.

CLARINVAL, commandant.

Réactionnaire. Pratique assez régulièrement. N'est pas toujours juste avec les hommes.

BOYARD, commandant.

Les opinions politiques de cet officier sont évidemment antirépublicaines.

Pour caractériser ses opinions philosophiques, il suffira de rappeler que, lorsque son bataillon alla séjourner en Tunisie, à l'occasion des affaires de Fachoda, c'est le curé de la Goulette, qui était le véritable chef de bataillon.

Le fanatisme de cet officier est tel qu'il n'a certainement pas son libre arbitre.

On peut dire d'ailleurs de tout le régiment qu'il est au dessous du médiocre au point de vue militaire et qu'il est déplorable au point de vue du loyalisme républicain.

Nommé lieutenant-colonel au 29e, à Autun

28e RÉGIMENT, à Paris

VAUTIER, colonel.

Ne fait pas de politique, mais c'est un catholique pratiquant.

AUBIN, colonel.

Caractère indécis, se laisse facilement conduire ; des sentiments républicains paraissant sérieux ; désireux de donner des gages de son bon vouloir, le montre dans ses luttes continuelles contre l'influence du curé de Saint-Augustin, qui cherche toujours à prendre pied dans la caserne voisine ; aurait besoin d'avoir à côté de lui un guide sûr. Ses deux chefs de bataillon sont : l'un, Surer, ancien officier d'ordonnance du Président, très arriviste, de sentiments peu sûrs, à surveiller de très près ; l'autre, Drouot, descendant du général, hostile aux idées de vrai progrès, mais serait capable d'afficher toutes celles qu'on voudrait, pourvu qu'on lui assure le cinquième galon.

VILLA, colonel.

Paraît avoir fait acte d'adhésion à la République depuis l'avènement du ministère actuel. Pourrait être encouragé dans cette voie ; mais, au préalable, il serait bon de lui faire prendre des engagements formels.

POIRINE, lieutenant-colonel.

Esprit médiocrement cultivé, moyens faibles, caractère manquant de franchise ; a obtenu son dernier avancement sous les ordres d'un colonel conservateur. Clérical.

Proposé pour colonel (T 1906)

RAUSCHER, commandant.

Très réservé ; ne se montre pas hostile au gouvernement et n'affirme pas non plus son affection pour lui.

Paraît ambitieux et disposé à employer tous les moyens pour atteindre son but : l'avancement.

Fréquente chez les cléricaux de marque.

Tendance nationaliste. Militaire à l'esprit de tradition, que les innovations inquiètent.

•

HUGUET, commandant.

Arriviste, partial, de peu de caractère, travailleur, méticuleux, de moyens médiocres ; clérical.

Nommé lieutenant-colonel au 148e, à Givet

THIRION, commandant.

Se déplaît dans la vie militaire. Égoïste, peu fanatique, inapte physiquement, bien que robuste. Esprit critique, manque de caractère ; conservateur.

En retraite

29e RÉGIMENT, à Autun

PILLON, colonel.

Réactionnaire peu militant. Clérical peu militant. Fréquentations essentiellement réactionnaires.

BAZIN, colonel.

Le colonel Bazin, qui d'abord fut lieutenant-colonel au régiment stationné à Autun, se montre, surtout par ses fréquentations, très nettement réactionnaire.

Sa famille est très réactionnaire.

Sa sœur, Mme Déchelette, est, à Autun, la présidente connue et autorisée du Patronage catholique, œuvre connue, où l'on récolte les fillettes pour les travailler, et où on les prend au besoin aux écoles laïques pour les envoyer au catéchisme.

Il est aisé de comprendre quelle autorité une œuvre cléricale prend quand elle a à sa tête, dans une petite ville, Mme la sœur du colonel commandant le régiment. Mme Bazin, femme du colonel, suit les traditions de la famille et se montre très cléricale.

Le colonel B..., arriviste, est un peu plus adroit ; sa famille lui assure toute l'action du parti clérical ; lui, cherche à s'autoriser de son titre d'ancien officier d'ordonnance de M. de Freycinet ; il s'affiche moins que les siens dans ses pratiques religieuses. Mais le corps des officiers, mis en tutelle cléricale, est surveillé de près et contraint, pour la tranquillité et l'avancement, de se montrer clérical. Soutenu par le député transfuge, élu grâce au cardinal Perraud, il exerce à Autun une autorité néfaste. Le colonel B... est originaire d'Autun. Il ne devrait pas, ne fût-ce qu'à cause de sa famille, commander un régiment à Autun.

Proposé pour officier de la Légion d'honneur (T 1906)

LAFARGUE, lieutenant-colonel.

M. L... est arrivé depuis peu à Autun, et son attitude ne permet pas de porter sur lui un jugement définitif.

Appartenant à un régiment où le colonel est allié et parent des familles les plus cléricales de la ville, il est ainsi naturellement obligé à des politesses envers un monde qui a ses grandes et ses petites entrées auprès de son chef.

M. L... a actuellement des fréquentations à peu près exclusivement cléricales. S'agit-il pour lui de politesses presque forcées pour plaire à son colonel ou est-ce par goût ? C'est ce qui demande quelque temps d'examen avant de prononcer un jugement définitif.

Passé avec son grade au 9e régiment, à Agen

PAUMIER, commandant.

Connu dans le monde des officiers comme un clérical.

Il va à la messe, où il accompagne sa famille. Ce n'est peut-être pas un farouche ; son tempérament est calme.

Mais il n'y a aucun doute à avoir sur ses convictions philosophiques.

Au point de vue politique, il est réactionnaire.

Clérical, qui sait ménager tous les partis. Néanmoins ne craint pas, lorsqu'il est en société, de faire du nationalisme.

Fait élever ses enfants au collège de la ville, mais conduit quelquefois sa famille à la messe.

Officier sur lequel le gouvernement républicain ne peut pas compter.

En retraite

DELIQUET, commandant.

Se fait remarquer par son animosité contre l'idée laïque. Déclare la religion nécessaire pour diriger sa femme.

Critique les hommes politiques républicains, et loue sans réserve Jules Lemaître et Paul Déroulède.

Fait de la propagande nationaliste en se servant de ses fonctions de président de la Commission des journaux au Cercle pour introduire les feuilles et publications réactionnaires.

LEBLANC, commandant.

A quitté le 29e ; se trouve à l'état-major de Bourges.

S'est fait connaître au 29e comme clérical, ayant avec le monde réactionnaire des relations qui ne laissaient pas de doute sur ses opinions.

DERRIVE, commandant.

Clérical de bon ton, très bien noté dans le monde réactionnaire.

Arriviste ; a retiré récemment sa fille du Saint-Sacrement pour la placer dans un établissement de l'Etat.

Officier sur lequel on ne peut pas compter. Prêt toujours à se mettre du côté de ses intérêts.

PELÉ, commandant.

Depuis peu de temps au 29e. Tempérament réservé et prudent. Ne parait pas très dangereux, mais a des attaches avec la réaction, dont il partage les idées.

30e RÉGIMENT, à Annecy

LEBOURGEOIS, colonel.
Très bon homme, ne paraît pas tenir compte des opinions de ses subordonnés. Ne paraît pas avoir lui-même d'opinions politiques bien arrêtées, ou du moins n'en affiche pas.
Pratique régulièrement au point de vue religieux.
Promu officier de la Légion d'honneur

GERHARDY, lieutenant-colonel.
Clérical militant ; assiste aux exercices religieux, non seulement le dimanche, mais même la semaine. Très mauvais.

LOYSEAU de GRANDMAISON, commandant.
Clérical non militant.
Plutôt mauvais.
Détaché à l'État-major de l'armée

DUMAS, commandant.
Protestant pratiquant. Bon.

BOUTEILLER, commandant.
A d'assez bonnes idées politiques ; enfants au lycée. Assez bon.

31e RÉGIMENT, à Paris

LEFEBVRE, colonel.
Au point de vue politique : ne fait rien dans son régiment qui permette de dire qu'il est républicain ; au point de vue philosophique : ? ? ? ; appréciation :

appartient à cette phalange d'officiers supérieurs incapables de rendre service à la République et de résister à quiconque chercherait à la renverser.

Considère les officiers sortant de Saint-Maixent comme des brutes, et fera tout pour les empêcher d'arriver.

CHARPENTIER du MORIEZ, colonel.

Réactionnaire dangereux. Partisan dévoué de Déroulède. Laisse aux officiers de son régiment, en grande majorité réactionnaires, la liberté de manifester par des paroles et des actes leurs sentiments d'hostilité pour la République.

Nommé général
Commandant la défense supérieure de Marseille

NIVET, lieutenant.

Au point de vue politique, nationaliste ; au point de vue philosophique, clérical ; appréciation : mauvais. Esprit étroit et rétrograde. Militariste au mauvais sens du mot.

PETITJEAN, lieutenant.

Au point de vue politique : réactionnaire notoire ; au point de vue philosophique : très clérical ; appréciation : très mauvais.

NOTA

Le colonel Lefebvre, du 31e d'infanterie, en garnison à Paris, a réuni ses officiers et leur a fait jurer, à tour de rôle qu'ils n'étaient pour rien dans les fiches dont certains officiers avaient été l'objet.

Tous ont juré, excepté un seul, qui a déclaré avoir, dans des conversations, fourni les éléments de certaines fiches, éléments dont d'autres ont tiré profit. A la suite de cette déclaration, l'officier en question a été mis aux arrêts de rigueur par le colonel Lefebvre.

32e RÉGIMENT, Tours-Châtellerault

VIGY, colonel.

Officier de valeur. Estimé et aimé, non seulement de tout son régiment, mais encore de tous les officiers, même des républicains anticléricaux.

A la malchance d'être le beau-frère du député Rousset, lieutenant-colonel, lequel a beaucoup d'influence sur sa sœur, Mme Vigy.

Le colonel Vigy est un vrai militaire, des plus sérieux peut-être, c'est même probable, n'est-il pas républicain, mais il a l'âme d'un vrai Français. Avant la politique, il place la grandeur de la France.

Nommé général de brigade, à Laghoaut

De FROISSARD de BROISSIA, commandant.

Clérical avéré et militant, mettant beaucoup d'ostentation dans ses pratiques religieuses. Réactionnaire de la plus belle eau.

LAFFARGUE, commandant.

Nationaliste. Clérical par snobisme. Ne mérite aucune confiance.

33e RÉGIMENT, à Arras

D'OR, colonel.

Dissimulateur habile. A su maintenir l'équivoque en matière politique, flirte avec le préfet ; prononce, mais d'un ton léger, dans les réceptions officielles les mots : dévouement, République ; mais n'a toutefois pas trompé les nombreux officiers réactionnaires de son régiment, qui n'ont vu là qu'un moyen d'arriver.

N'a retiré ses deux fils de l'institution Saint-Joseph, où ils étaient depuis quatre ans, qu'après les élections législatives de 1902.

Promu officier de la Légion d'honneur
Nommé général de brigade, adjoint au gouverneur, préfet maritime à Rochefort

De MAROLLES, commandant.

Hobereau et poseur, prétentieux, hautain envers ses camarades non titrés, dur pour le soldat. C'est l'officier d'ancien régime. Ne fréquente à Arras que le monde clérical et riche ; il méprise les républicains, et sa haine pour la République est immense et profonde.

C'est l'officier le plus dangereux du 33e.

De FRANCHEVILLE du PELINEC, commandant.

Breton catholique et superstitieux ; s'est mis en rapport, dès son arrivée à Arras, avec les chefs du parti clérical réactionnaire.

En retraite

BOUCHARD, lieutenant-colonel.

Va à la messe assidûment.

Nommé colonel au 1er régiment d'Infie, à Cambrai

LEPETITPAS, commandant.

Détaché à Douai. Adversaire déclaré du régime républicain, mais prudent et discret.

35e RÉGIMENT, à Belfort

LETURC, colonel.

Difficile à obtenir des renseignements précis. On le dit, au fond, conservateur. Il paraît républicain dans ses actes ; jusqu'ici est considéré comme tel par notre député.

SOUVESTRE, colonel.

Protestant, très pratiquant, ne manque pas les offices. Antidreyfusard. Correct.

Nommé général, commandant la 66e brigade, à Montauban

SCHAEFFER, commandant.
Réactionnaire.

Promu officier de la Légion d'honneur

De GOUVELLO, commandant hors cadres, état-major.
Réactionnaire.

Passé avec son grade au 67e régt, à Soissons
Proposé lieutenant-colonel (T 1905)

LESASSIER-BOISAUNÉ, commandant.
Catholique pratiquant.

NOURRISSON, commandant.
Clérical et réactionnaire.

Chef d'état-major
du général gouverneur au Havre

WALEWISKI, lieutenant-colonel.
Tendances bonapartistes.

En retraite

37e RÉGIMENT, Nancy-Troyes-Châlons

De CURIERES de CASTELNAU, colonel.
Réactionnaire et clérical ; critique souvent le ministère actuel, et souhaite la venue de Philippe ; déteste tout ce qui est républicain.
Quatre fils à Saint-Paul.

Adjoint au commandant supérieur
de la défense de Belfort

ROZE des ORDONS, lieutenant-colonel.
Réactionnaire, clérical. A horreur du ministre de la guerre. Critique tout

Clérical et réactionnaire forcené. Hait le général André, qu'il traite couramment de « canaille ».

Proposé pour officier de la Légion d'honneur (T 1906)

GANEVAL, lieutenant-colonel.

Ami intime de l'avocat Terreaux, chef du parti de la réaction à Nancy ; insulteur du général André.

Partage les idées de son ami.

Proposé pour colonel (T 1906)

DANNOIS, chef de bataillon.

Nationaliste enragé.

RICHOMME, commandant.

Réactionnaire et clérical.

Proposé pour officier de la Légion d'honneur (T 1906)

ROGER, commandant.

Réactionnaire, clérical.

De LOBIT, commandant.

Réactionnaire, très clérical, pratiquant.

BADER, commandant.

Surnommé « l'ignoble Bader » par tous ceux qui le connaissent, quelle que soit leur opinion.

C'est l'homme de toutes les palinodies. Boulangiste autrefois, il est devenu naturellement nationaliste, mais cependant veut jouer au républicain, parce qu'il se mettra du côté du manche quand ses intérêts seront en jeu.

Il suffit d'ailleurs de voir ses yeux fuyants et d'entendre son accent faux pour être fixé sur ce triste individu.

Nommé lieutenant-colonel au 4e régiment de Tirailleurs algériens à Sousse

38e RÉGIMENT, à Saint-Étienne

D'AUBIGNY, colonel.

N'aspire qu'après la chute de la République. Réactionnaire et clérical. N'accorde son choix qu'aux adversaires de la République.

Nommé général de brigade adjoint au commandant en chef gouverneur de Brest

DONNAT, colonel.

Est surtout égoïste. Affecte de vagues idées républicaines pour soigner son avancement ; mais les cléricaux sont les seuls favorisés dans son régiment ; des séminaristes, par exemple, sont, par son ordre, exempts du service de garde.

Aucune des œuvres d'action républicaine préconisées depuis deux ou trois ans ne sont faites, ou faites sérieusement. Jamais on a parlé de conférences morales.

Incapable, soit par indifférence ou faiblesse, de protéger les officiers républicains de son régiment en butte à la malveillance des chefs de bataillon, tous cléricaux.

(Au tableau pour officier de la Légion d'honneur.)

Promu officier de la Légion d'honneur

BOVET, commandant.

A déjà été rayé du tableau, l'an dernier, paraît-il ; le mériterait, en tous cas, car il est *absolument nul.*

Nommé lieutenant-colonel au 26e régt à Nancy
Passé au 20e, à Montauban

HELO, chef de bataillon.

Clérical militant. Très dangereux ; aux repas pris en commun, lors des manœuvres de garnison, tient constamment des conversations antirépublicaines ; dangereux pour les jeunes officiers arrivant au corps, et dont les idées ne sont pas assises.

Ceux qui ne sont pas de son avis sont sans cesse en butte à sa malveillance ; ils sont l'objet de sa part de toutes les vexations que facilite le règlement. Ceux qui ne cèdent pas sont mal notés et présentés par lui comme des incapables, des indisciplinés ou de « mauvais esprits ».

Plat avec ses supérieurs, mais hautain avec tous ses inférieurs, de qui il est détesté.

Vitupérait encore en constatant l'absence de son nom au tableau pour officiers de la Légion d'honneur.

Propagandiste, fréquente les établissements congréganistes de la ville, recommandait à un jeune Saint-Cyrien, franc-maçon aujourd'hui, de ne pas fréquenter un de ses camarades, qu'il soupçonnait d'être fr.·m. et qu'il savait républicain.

Nommé officier de la Légion d'honneur

MARTIN, commandant.

Nettement clérical et adversaire du gouvernement actuel. Extrêmement infatué de ses mérites, considère ses inférieurs comme des quantités négligeables. Très obséquieux avec ses supérieurs. Esprit étroit, incapable d'une idée générale.

VIGNEAU, GRAND d'ESNON, HELO, MARTIN, commandants.

Tous quatre très cléricaux.

39e RÉGIMENT, à Rouen

BOELL, colonel.

Neutralité absolue en matière politique et religieuse. Ferme défenseur néanmoins des institutions républicaines.

Passé avec son grade au 40e, à Nîmes

CHENOT, lieutenant-colonel.

Très autoritaire. En politique, pas de confiance.

40e RÉGIMENT Nîmes-Uzès-Alais

SOUHART, colonel, ex-commandant du régiment d'infanterie de marche, en Chine.

Jésuite. Ferait un meilleur moine qu'un colonel. Ne fréquente que les cléricaux. En Chine, ne voyait que par les missionnaires, et suivait fidèlement leurs indications. Homme d'une partialité exagérée en faveur de ceux qui partagent ses opinions. Adversaire du gouvernement actuel, et cherche à en tirer le plus possible. Est presque impotent. A laisser colonel.

Nommé général Commandant la 48e brigade d'Infanterie, à Tulle

BOELL, colonel.

Excellent républicain, d'un caractère un peu vif, parfois emporté. Ne cache pas ses opinions, et trouve que la part faite au travail est insuffisante et que celle faite au capital est trop grande (*sic.*)

Paraît avoir un certain mépris, qui va même jusqu'à l'horreur, des robes noires. Il paraît que l'hostilité des chefs réactionnaires l'a empêché d'arriver plus tôt où il est.

LE MAIRE, lieutenant-colonel.

Actuellement colonel au 41e, à Rennes.

Pendant son séjour à Nîmes, faisait élever ses enfants par les religieuses. Réactionnaire. Manque souvent de tact. Va à la messe avec Mme Le Maire, qui est une bretonne, dont son mari subit l'influence cléricale.

Nommé colonel au 41e, à Rennes

PIERRARD, commandant.

N'a plus que dix-huit mois à accomplir pour atteindre la limite d'âge. Caractère faux, en dessous ; cherchera à intéresser à sa proposition d'avancement dans la Légion d'honneur des personnalités gouvernementales, par l'intermédiaire d'amis personnels. (Ici une diffamation).

Ne manque jamais d'assister, soit en tenue militaire, soit en bourgeois, aux offices religieux du dimanche, accompagné de quelques uns de ses officiers. Esprit profondément clérical et jésuite. Réactionnaire avéré ; mange du franc-maçon à chaque repas.

Proposé pour officier de la Légion d'honneur (T 1905). Décédé

DARDOIZE, commandant.

Affiche des sentiments républicains, même anticléricaux, qui ne sont pas réels. Cela dans le but d'arriver. N'est pas sérieux.

MASSOUTIER, commandant.

Ne fait pas de politique, mais laisse faire sa femme, qui envoie ses enfants, au nombre de six, dans les écoles congréganistes ; partage d'ailleurs les opinions de sa femme, et va à la messe avec sa famille.

Chargé d'une nombreuse famille, ce qui ne l'empêche pas d'être nationaliste, qualité que j'ai pu constater avec lui en manœuvre. Ne manifeste pas bruyamment ses opinions cléricales. Va à la messe avec sa famille. N'a pas de faits saillants à son actif.

Lieutenant-colonel au 59e, à Pamiers
Promu chevalier de la Légion d'honneur

PELLEGRIN, commandant.

A Nîmes depuis relativement peu de temps. N'a pas d'histoire, mais la rumeur le classe parmi les nationalistes. Il n'y a rien de particulier à dire sur son compte.

En retraite

41e RÉGIMENT, à Reims

DELOR, colonel.

Ancien lieutenant-colonel au 10e de ligne, à Auxonne, où il fréquentait régulièrement les offices religieux. Etait le grand ami de l'abbé Gardin, curé d'Auxonne, dont il exécutait littéralement les ordres, relativement à l'avancement et aux faveurs à accorder aux militaires congréganistes du 10e de ligne. Se montrait particulièrement dur aux officiers républicains de son régiment.

Fait actuellement des démarches en vue du généralat.

Anciennement lieutenant-colonel au 10e de ligne, à Amiens. Clérical militant, allant très régulièrement à la messe, grand ami du curé d'Auxonne. Soutenait fortement les officiers cléricaux de son régiment. Fit mettre en non-activité un capitaine, afin, disait-il, que celui-ci puisse se faire élire maire de son village et laïciser tout à son aise l'hôpital et les écoles. (Conversation tenue au cantonnement de Binges (Côte-d'Or), en 1897.)

Nommé général, commandant la 71e brigade d'Infanterie, à Mont-de-Marsan

BRIERE, lieutenant-colonel.

Clérical et réactionnaire. Ses deux fils sont élevés au collège ecclésiastique de Saint-Vincent, à Rennes, établissement bien connu dans la région comme foyer de réaction ; il a refusé de les retirer malgré les conseils pressants du général en chef. Homme froid et peu communicatif, ne dévoile pas ses opinions, au moins avec les gens qu'il ne connaît pas. Certains prétendent qu'il est mené par sa femme, instrument des jésuites.

Nommé colonel au 116e régiment, à Vannes

De GOY, commandant.

Homme très superficiel, clérical, très lancé dans le monde réactionnaire ; a été commandé au mois d'octobre dernier pour conduire un détachement chargé d'appuyer les autorités pour l'exécution de la loi sur les congrégations. N'a marché qu'après avoir consulté quelques officiers fréquentant le même monde que lui, mais a exprimé devant ceux de ses subordonnés qui marchaient avec lui, le dégoût que lui inspirait pareil service. Depuis cette époque, le commandant de Goy a cherché à tirer parti de l'exécution de ce service, en prétendant qu'aujourd'hui les portes du monde où il fréquentait auparavant lui étaient fermées. Allégation absolument fausse, puisqu'il continue à être reçu à bras ouverts par les membres du clergé.

En retraite

DUCASSE, lieutenant-colonel.

Clérical et réactionnaire. A une conception étroite de l'armée ; affiche son mépris pour le civil ; le prêtre et le noble seuls trouvent grâce auprès de lui. Critique violemment devant ses inférieurs les actes du gouvernement et, par ses manifestations continuelles fait une véritable propagande antirépublicaine, ce qui ne l'empêche pas de changer le ton de la conversation lorsqu'il se trouve avec des républicains qui peuvent être influents.

En retraite

GAUDET, commandant.

Noyé dans un milieu réactionnaire, se contente d'approuver les déclarations des gens qui l'entourent.

POUGIN de LA MAISONNEUVE, commandant.

Réactionnaire, clérical.

42e RÉGIMENT, à Belfort

HACHE, colonel.

A un fils chez les congréganistes. Cela indique ses opinions politiques, philosophiques et religieuses, d'autant qu'à Belfort, le choix des établissements scolaires est facile.

Réactionnaire. A l'air de modifier son attitude, mais est-ce sincère ?

SUBERBIE, lieutenant-colonel.

Allié à des familles réactionnaires militantes.

BROSSET-HECKEL, commandant.
Réactionnaire arriviste.

GENDROT, commandant.
Réactionnaire.

MEUNIER, commandant.
Clérical sectaire et réactionnaire.

LEMOINE, commandant.
Réactionnaire.

VEYNANTE, commandant.
Conservateur au fond et plutôt hostile aux idées républicaines. Ne manifeste pas. Physiquement usé.

Proposé pour lieutenant-colonel (T 1905)

43e RÉGIMENT à Lille

ESCUDIER, commandant.
Est en train d'évoluer. Cherche du côté d'où vient le vent. Retournera demain à ses préférences de fond, qui ne sont pas pour le gouvernement actuel.

Nommé lieutenant-colonel au 90e régiment à Châteauroux

DUPIRE, commandant.
Indifférent en politique, insignifiant au point de vue militaire.

Nommé lieutenant-colonel au 151e régiment à Verdun

44e RÉGIMENT, à Lons-le-Saulnier

BENOIT, chef de bataillon.

Clérical, a son fils chez les P P. du Saint-Esprit, à Epinal. Fréquente le député Krantz, ancien ministre de la guerre ; essaye de se faire recommander par lui pour obtenir le poste de commandant de recrutement, lequel lui conviendrait mieux que d'être à la tête d'un bataillon, étant incapable de commander, malgré ses bons états de service. Serait d'ailleurs aussi nul au recrutement qu'à la tête de son bataillon.

SCHMITZ, chef de bataillon.

Très prétentieux, nul. Son père, ancien commandant de corps d'armée, puis chambellan ou attaché à la personne de l'impératrice Eugénie, a joué un rôle politique ; rallié à la République après 1870, s'est de nouveau retourné au 16 mai, ne cherchant qu'à conserver sa situation. Le fils, digne du père, a obtenu son admission à l'Ecole de guerre, comme fils d'un général de l'Empire et grâce à la pression exercée.

Schmitz, qui n'était pas compris sur la première liste d'admission à l'Ecole de guerre, fut porté sur une liste supplémentaire parue quelques jours après, qui comprenait trois noms : le sien, Chanzy, et un autre pour marquer la manœuvre. Clérical avéré, impérialiste, sacrifierait tout à son avancement. Absent depuis fin octobre, et soi-disant malade, à Paris, où il doit intriguer pour obtenir le commandement d'un bataillon de chasseurs ou entrer au 2e bureau de l'état-major général.

A ne pas traiter comme le fameux Didiot ; si pareille chose se passait, je me refuserais à l'avenir à donner tout renseignement.

Détaché à l'état-major du 11e corps d'armée

46e RÉGIMENT, à Fontainebleau-Paris

CHEVALIER, lieutenant-colonel.

Calotin, fréquentation cléricale, couche à l'église.

Proposé pour colonel (T 1905)

Du FRESNEL, commandant.
Bigot, a fait élever sa fille au Sacré-Cœur.

BERNARD, commandant.
Pas de renseignements.

DAUPHIN, capitaine.
Caractère libéral, charmant homme, très aimable.

FISCHER, capitaine.
Libéral, j'menfoutiste, bonhomme.

LORIN, COURTOIS, MONNOVEN, RENAULT, MARCHAND, DECHELOTTE, DELANCHE, JAMBON, GODARD, POGGI, SIMON :

Pas de renseignements particuliers. D'une façon générale, à part le lieutenant-colonel et le commandant, l'esprit ne serait pas mauvais.

47e RÉGIMENT, à Saint-Malo--Saint-Servan

ESTRABOU, lieutenant-colonel.
Ne fait pas montre de ses opinions. N'est pas clérical. Vit dans l'isolement. Assez dur pour ses hommes.

Nommé colonel au 163e, à Ajaccio

Ut supra, **FEUCHERE**, lieutenant-colonel.
Clérical acharné.

Nommé colonel au 129e, au Havre

Ut supra, **BRAULT**, commandant.
Clérical acharné.

Proposé pour lieutenant-colonel (T 1905)

Ut supra, **FEUCHERE**, lieutenant-colonel.

Antigouvernemental militant. En 1903, était parmi les manifestants à l'église de Saint-Jouan-des-Guérets, commune de Saint-Servan, lors de l'application dans cette commune de la loi sur les congrégations. Il a un fils qui est entré à Saint-Cyr après avoir fait ses études dans un établissement de Jésuites. Il a encore un fils au collège congréganiste de Saint-Malo. Depuis un an, il est devenu prudent. Il ne critique plus le gouvernement qu'en « chambre » ou en « lieu sûr ».

Nommé colonel au 129e, au Havre

Ut supra, **GUERIN**, commandant.

Attitude correcte, c'est-à-dire qu'il ne critique pas les actes du gouvernement et n'affiche pas des tendances cléricales. Au fond, réactionnaire. Son fils, âgé de quatorze ans, fait ses études au collège congréganiste de Saint-Malo.

18e RÉGIMENT, à Guingamp

VERMEIL de CONCHARD, colonel.

Commandant le 48e d'infanterie, à Guingamp.

Clérical militant, tout ce qu'il y a de plus réactionnaire.

Presque tous les officiers du 48e suivent l'exemple de leur colonel.

(Fiche envoyée avec lettre précédente).

Très clérical.

Promu officier de la Légion d'honneur

Le TULLE, lieutenant-colonel.

Républicain.

Passé avec son grade au 118e, à Quimper

RAFFENEL, lieutenant-colonel.

Bon républicain.

Nommé colonel au 27e, à Dijon

PARENTY, commandant.
Très clérical.

LAMEY, commandant.
Douteux.

POTIER de COURCY, commandant.
Clérical.
Détaché à l'État-major du 4e corps, au Mans

WAVRIN, commandant.
Clérical.

51e RÉGIMENT, à Beauvais

FABIANI, commandant.
En instance de retraite. Nul au point de vue militaire. Réactionnaire.
A reçu, par une erreur incompréhensible de ses chefs, la rosette d'officier de la Légion d'honneur.
A ne *jamais* nommer lieutenant-colonel dans l'armée de réserve.
Malveillant, faux, menteur, égoïste, orgueilleux, sans éducation.
Incapable de commander un bataillon en campagne.

En retraite

52e RÉGIMENT, à Montélimar

MAILLOT, colonel.
Le colonel M... a été autrefois commandant à Montélimar, au 22e. A cette époque, il était franchement

réactionnaire ; il ne fréquentait du reste que la société bien pensante, entre autres le comte d'Aulan, alors député de Nyons. Lors de sa nomination au grade de lieutenant-colonel, à Mende, il a affiché de suite des opinions républicaines, abusant ainsi sur son compte des pouvoirs civils. Colonel au 52e, il a, dès son arrivée, usé de la même tactique et, pendant quelque temps, on a ajouté foi à son républicanisme. Aujourd'hui, il ne trompe personne. Il a renoué avec ses anciennes relations ; il fréquente assidûment les personnes les plus cléricales et les plus opposées au gouvernement ; bien entendu, et pour se mettre bien en cour, il a cependant des relations avec les républicains. C'est un homme ambitieux, poussé par sa femme ; il pense qu'il est d'une bonne politique d'être bien avec tous les partis. C'est donc un homme peu sûr, sur lequel on ne pourrait pas compter si la République avait un jour des défaillances. Son ambition satisfaite, il retournera avec les réactionnaires et, cette fois-là, à masque découvert.

Une anecdote le fera connaître. Un jour de manœuvre du régiment, il se trouvait près de M. Paul Loubet, fils du Président de la République, lorsqu'il vit arriver vers lui le comte d'Aulan, dont il partage les idées politiques, et avec lequel il est au mieux. Sa situation était embarrassante ; pour se tirer d'affaire, simulant un besoin naturel, il se dirigea derrière une ferme, au bord du chemin, et, se croyant caché à tous les regards, il s'empressa de saluer de loin le comte, son ami. La situation était sauvée, il avait réussi à ne pas mécontenter le fils du Président. Cet officier ne mérite aucune faveur.

Proposé officier de la Légion d'honneur
(T 1900)

VALETTE, commandant.
Réactionnaire clérical.
Ne manifeste cependant pas ses opinions.

JAISSY, commandant.
Réactionnaire, mais fait peu parler de lui. Fréquente assidûment les offices. Ne s'occupe pas de politique et vit retiré.

De L'HORME, commandant.

Le nom de ce commandant s'écrit réellemment en un seul mot. C'est du moins ainsi qu'il l'écrivait dès les premiers temps qu'il était ici. Depuis, il a cru bon de s'ennoblir. Le commandant Delorme est un clérical, un jésuite *dangereux*. Très intelligent, il met son intelligence à intriguer contre le gouvernement. Son salon est le rendez-vous de tous les réactionnaires de la région, civils, militaires. Très habile, il flatte les républicains et se donne des airs libéraux. C'est un officier excessivement dangereux, sur lequel il ne faut absolument pas compter. A été obligé de permuter ; a quitté le 52ᵉ pour le 13ᵉ. Ne mérite aucun avancement ni aucune faveur, car il est visiblement hostile à la République.

D'IZARNY-GARGAS, commandant.

Réactionnaire, clérical. Est le type du parfait jésuite. Dangereux au point de vue politique.

Réactionnaire, suit également les processions...

Proposé pour Lieutenant-colonel (T 1905)

GIRARD, commandant.

Parait indifférent.

ROCHE, commandant.

Est bonapartiste.

GAMBIER, commandant.

Parfait clérical et réactionnaire antigouvernemental. Très hostile à la population. Avait fait défense à ses officiers de fréquenter les autorités, et a eu des difficultés à ce sujet avec la sous-préfecture et la mairie. Le ministre de la guerre l'a obligé à donner satisfaction. Il a conduit ses troupes et la musique à la Trappe d'Aiguebelle pour donner un concert aux bons Pères et les faire assister à des petites manœuvres. Les Trappistes ont hébergé la troupe et les musiciens en leur donnant une collation.

Ne mérite aucun avancement, et ferait un général

clérical et réactionnaire et, par suite, dangereux pour les institutions républicaines.

53e RÉGIMENT, à Tarbes

LEMOINE, colonel.

Fait élever ses enfants à l'établissement secondaire ecclésiastique Jeanne-d'Arc. Va tous les matins à la messe et souvent aux offices du soir ; pendant les manœuvres se loge de préférence au presbytère ; reçoit chez lui beaucoup de prêtres, et les hommes du régiment savent qu'aucune recommandation ne vaut celle du curé.

Caractère flottant, accès de colère inexplicables, surtout à la caserne ; chez lui, au contraire, reçoit très aimablement et ne sait rien refuser.

Peu aimé des officiers, vis-à-vis desquels, tout en restant froidement poli, il a souvent une attitude offensante.

Subit facilement l'influence mauvaise de quelques officiers subalternes, dont les femmes font une cour assidue à la sienne ; cette influence, ajoutée à une préférence trop marquée pour les saint-cyriens, et surout ceux qui ont de la fortune et des relations, le fait être toujours partial, même à propos d'avancement.

Manque absolument de l'habitude du commandement, et n'a aucune qualité pouvant racheter cette inexpérience.

Hors cadre. Chef d'état-major du 11e corps
Proposé pour officier de la Légion d'honneur
(T 1905)

54e RÉGIMENT, à Compiègne

Les quatre officiers ont la réputation d'être de parfaits réactionnaires — le lieutenant-colonel Donau est un homme qui retarde à tous les points de vue, même dans sa façon de vivre en célibataire.

Depuis qu'il habite Compiègne, il a éprouvé le besoin de faire partie de la Société historique, qui est une Société de réactionnaires et culs-bénis. Les capitaines sont notoirement connus comme d'indécrottables réactionnaires.

M. Mesnard s'attend à passer prochainement chef de bataillon ; il passe pour un farceur.

Le lieutenant *Lambert* est à l'Ecole de guerre. Réactionnaire.

On m'a dit que le colonel du régiment était un ami de Millerand, qui l'avait fait nommer à Compiègne.

55e RÉGIMENT, à Aix et Pont-St-Esprit

Régiment sans camaraderie. Le colonel étant protestant, petit à petit le régiment se peuple d'officiers de cette religion. A eux toutes les faveurs, au détriment des autres. Pour réussir au 55e, il faut donc être protestant ou fervent catholique, comme le lieutenant Lepintre. Ce lieutenant se fit remarquer, l'année dernière, par un discours religieux prononcé sur la tombe d'un soldat mort à Saint-Chaman. Ce discours lui valut huit jours d'arrêts ; en les lui transmettant d'une main, le colonel lui serrait la sienne de l'autre pour le féliciter. Malheureusement les officiers inférieurs, pour plaire au colonel, suivent son exemple, et il n'y a de bien que ce que font les officiers protestants.

LAPORTE, colonel.

Désire vivement passer pour républicain par sa qualité de protestant. Mais c'est un profond réactionnaire, qu'on doit garder comme colonel, et pas plus. Au point de vue valeur militaire, pas très brillant.

Nommé général, commandant la 2e brigade d'infanterie, à Cambrai

FELINEAU, lieutenant-colonel.

Catholique pratiquant et réactionnaire ; garde ses

idées pour lui et paraît vouloir se confiner dans son rôle purement militaire.

Proposé pour officier de la Légion d'honneur (T 1905)
Proposé pour colonel (T 1906)

PIERROT, lieutenant-colonel.

Egoïste, autoritaire, autocrate. Rend le service pénible à ses subordonnés et ne leur laisse aucune initiative. N'est pas un aigle au point de vue militaire ; a commandé le bataillon de St.-Cyr pendant un an, et n'a pas obtenu de brillants résultats ; mais, comme il y avait été envoyé au choix, on n'a rien trouvé de mieux pour s'en débarrasser que de le nommer lieutenant-colonel. Très ambitieux, se mettra pour avancer du côté d'où vient le vent. Ecoute volontiers les officiers qui viennent au rapport *sans armes*, et se fait avec cela une opinion des officiers sous ses ordres sans les contrôler. Sa dyspepsie lui aigrit le caractère. Peu de valeur militaire.

DUTRON, commandant.

Homme sans éducation. Type de la vieille culotte de peau. Pas méchant dans le fond, mais dangereux, parce que, dès qu'un chef manifeste une sympathie, une préférence, il exagère la préférence et la sympathie et se montre plat envers ce subordonné qui a su se mettre dans les bonnes grâces du colonel. Républicain excessivement pâle. Ne se montre pas aux églises.

Nommé officier de la Légion d'honneur

VANDEUVRE, commandant.

Esprit subtil, échine flexible, à plat ventre devant l'autorité. Travailleur, bon républicain, ne mettant jamais le pied dans une église, mais a trop peur de ne pas obtenir la rosette, couronnement de sa carrière, ce qui le rend faible devant ses chefs.

De SALLMARD, commandant.

Officier supérieur ramolli. Infatué de sa noblesse. Nul au point de vue militaire. Devrait faire place aux jeunes, n'ayant rien à espérer. N'est pas dans les idées du jour, bien s'en faut. Légitimiste. Ne fréquente que la noblesse d'Aix, et ne cause jamais à ses camarades du régiment.

56e RÉGIMEMT, à Chalon-sur-Saône

PRETET, colonel.
Clérical, va régulièrement à la messe ; a fait célébrer pour la Toussaint, en 1902 et 1903, à l'Eglise Saint-Pierre, un service funèbre pour les soldats du régiment morts à Chalon. A annoncé ce service par la voie du rapport. A déclaré, à propos de la circulaire relative aux actes confessionnels, que le ministre était responsable de cet ordre ; l'a interprété en disant qu'il visait seulement les actes collectifs.

Promu officier de la Légion d'honneur

MARC, lieutenant-colonel.
Clérical ; va régulièrement à la messe.

DUSEVEL, commandant.
Homme froid, peu communicatif, indifférent, du moins en apparence, aux questions politiques. Néanmoins, dans quelques conversations tenues à ce sujet, il a montré qu'il n'est pas républicain. C'est en tous cas un ennemi peu dangereux.
Lit de préférence les journaux cléricaux ou nationalistes.
Possesseur d'une certaine fortune.
La République ne pourrait pas compter sincèrement sur les services de ce commandant ; si on lui confiait une mission qui froisserait ses sentiments religieux ou politiques, il est probable qu'il se retirerait de l'armée.

BRULLE, commandant.
Va à la messe. Lit le *Nouvelliste de Lyon*, journal clérical.
Nationaliste.

58e RÉGIMENT, à Avignon

LAPOTAIRE, colonel.

Nationaliste, adversaire du gouvernement actuel, au mieux avec la réaction.

60e RÉGIMENT, à Besançon

WOIRHAYE, lieutenant-colonel, ex-lieutenant-colonel au 85e d'infanterie, à Cosne.

Ultra-clérical et anti-républicain. Cherche en ce moment à cacher son jeu. Avant le ministre de la guerre actuel, allait à la messe bien sanglé dans sa redingote noire, chapeau haut de forme, etc., gros livre de messe sous le bras ; se contente maintenant d'aller à la porte de l'église en voiture pour y attendre madame.

Dangereux au point de vue militaire comme déséquilibré et désorganisateur du régiment. La faiblesse du colonel lui laisse beaucoup trop de latitude pour faire ce qu'il veut. Favorise tout ce qui est réactionnaire, et trouve toujours moyen d'écarter ce qui est républicain.

Nommé colonel au 85e, à Cosne
Proposé pour officier de la Légion d'honneur

61e RÉGIMENT, à Aix et Privas

FINE, colonel.

Très dévoué au gouvernement de la République. S'est franchement rallié aux idées de générosité, de bienveillance, de bonté envers les soldats. A développé et encouragé la mutualité dans son régiment, et a fait de ses officiers de véritables éducateurs du soldat. Sa caserne est devenue l'école du citoyen. Diminue les punitions dans la plus large mesure, et a obtenu au 61e un entraînement remarquable à la marche et au combat.

Très énergique, vigoureux, *doit* faire un excellent général et *doit* être proposé pour ce grade et nommé le plus tôt possible, dès février 1905, date à laquelle il aura ses trois ans de grade de colonel.

Le groupe des officiers et soldats républicains du 61e applaudira à cette nomination.

Proposé pour officier de la Légion d'honneur (T 1906)

CROCHARD, commandant.

Dévoué au gouvernement de la République. Excellent officier, a conquis l'estime et l'affection de tous, malgré le peu de temps qu'il est au régiment. A rendu de grands services dans les bureaux arabes. Tout désigné pour l'emploi de chef d'un des commandements militaires de l'extrême sud Algérien. Emploi qu'il sollicite et qu'on doit lui faire obtenir car ses idées de colonisation pacifique, de générosité, d'humanité assureront le succès à notre conquête du Sahara. Au tableau pour lieutenant-colonel.

C'est un devoir pour les loges de demander la nomination du commandant C... dans notre extrême Sud algérien.

Nommé lieutenant-colonel au 62e, à Lorient

HILDENBRAND, commandant.

N'a aucune idée politique, parce qu'il ne peut avoir d'idées. Absolument nul sous tous les rapports. Quatre galons à un imbécile pareil est une honte.

A mettre à la retraite d'office. Le colonel ne le reconnait pas capable de commander un détachement.

62e RÉGIMENT, à Lorient

COCHET d'HATTICOURT, lieutenant-colonel.

Détaché à Belle-Isle comme commandant d'armes. Vient du 116e. N'est au régiment que depuis quatre ou cinq mois.

Clérical militant. N'aurait certes pas empêché de se produire les évènements du 116e, s'il y était resté.

On le dit bienveillant, surtout pour les Jésuites.

Marié en deuxièmes noces, a une nombreuse famille ; ses enfants sont éduqués un peu partout, mais aucun dans les lycées et collèges de l'Etat.

Peut rester où il est : à Belle-Isle.

BEZIER-LAFOSSE, commandant.

Vieux breton, clérical. Avait ses enfants à l'institution Saint-Louis, à Lorient (Ecole de prêtres) ; les en a retirés depuis quelque temps, voyant que le jésuitisme n'était plus à l'ordre du jour. Sont au lycée actuellement. Marcherait avec peine... s'il marchait, pour protéger l'exécution de la loi sur les congrégations.

Serait aussi bien dans une autre région qu'en Bretagne.

LOREAL, commandant.

Breton d'origine. N'est pas républicain, mais ne manifeste pas d'opinion.

Chef plutôt favorable aux officiers dits d'avenir, et dédaigneux pour ceux sortant du rang.

En somme, moyenne faible comme fonctionnaire de la République.

Marié, une grande fille mariée elle-même.

Peut rester à Lorient. Est à Belle-Isle pour deux ans.

63e RÉGIMENT, à Limoges

MORTIER, commandant.

Ses enfants sont élevés chez les congréganistes. C'est un clérical.

Réactionnaire enragé. A six enfants : quatre garçons à l'école des Pères Jésuites de Limoges ; deux filles, chez les Sœurs de la Croix. Il reçoit les journaux la *Croix de Limoges*, le *Petit Journal*. Il va à la messe toutes les semaines avec tous ses enfants.

Ne peut être regardé comme un républicain.

De GREFFIER, commandant.

Deux enfants. L'aîné chez les Maristes de l'école Saint-Martial, qui vient d'être fermée. Possède une certaine fortune. Opinion politique cléricale.

En retraite

64e RÉGIMENT, à Ancenis et St-Nazaire

RICHARD de la TOUR, commandant.

Clérical très militant.

65e RÉGIMENT, à Nantes

De REVIERS de MAUNY, colonel.

Marié sans enfant. A une grosse fortune. Humain pour la troupe. Clérical, mais ne manifeste pas ses opinions publiquement. Se réserve pour le petit comité.

Veut arriver aux étoiles, mais veut aussi ménager ses relations cléricales.

Ne donne pas de soirées, cette année, en signe de deuil pour les congrégations.

Sa femme s'occupe beaucoup d'œuvres pieuses.

Riche. Marié, sans enfant. A des apparences correctes. Toutes ses relations sont dans le parti réactionnaire, et quand l'occasion s'en présente, dans des réunions où il présume qu'il n'y a que des adversaires du gouvernement, ne se gêne pas pour affirmer ses sentiments hostiles.

Il est très inquiet en ce moment au sujet de la présidence du conseil de guerre destiné à juger les cinq officiers de Ploërmel. S'il donne raison aux officiers, il craint pour sa carrière, car il est ambitieux. S'il leur donne tort, il redoute les critiques de ses amis politiques et des salons où sa femme a l'habitude de fréquenter. Il a de très grandes hésitations, et je sais de source certaine qu'il n'a encore rien décidé pour le cas, qu'il considère comme probable, où la présidence du conseil de guerre lui incomberait.

Promu officier de la Légion d'honneur

KERZERHO, lieutenant-colonel.

Marié sans enfant. Réactionnaire, clérical. Marié avec la nièce d'un ancien officier de marine qui s'est fait capucin. Vit dans un entourage très clérical. A été président du conseil de guerre qui a acquitté le lieutenant Portier.

N'est à Nantes que depuis moins d'un an. Passe pour se complaire dans la société des réactionnaires, notamment parmi la noblesse.

A présidé, à Nantes, le conseil de guerre qui a jugé le lieutenant Potier, de la Roche-sur-Yon, lequel conseil de guerre l'a acquitté à l'unanimité.

Promu officier de la Légion d'honneur

GAILLARD, commandant.

Clérical ; ancien élève du collège Saint-Charles, à Saint-Brieuc. Protégé du général Renouard. Sa femme est très répandue dans le monde des sacristies.

Décédé

66e RÉGIMENT, à Tours

De FOUCAULD, colonel.

Très entiché de sa particule. Beaucoup de morgue et de pose. Colonel ordinaire. Ennemi du ministère actuel ; adversaire du gouvernement de la République. Plutôt clérical qu'indifférent.

Adversaire déclaré des républicains. Ami et soutien des cléricaux. Systématiquement opposé au ministère actuel, ennemi du ministre de la guerre. Officier de salon, poseur. Militariste.

KELLER, lieutenant-colonel h. c., sous-chef d'état-major.

Très clérical. Adversaire du gouvernement républicain.

LUCAS, lieutenant-colonel.
Ses enfants suivent les cours des Pères jésuites.
Adversaire déclaré du gouvernement.
Constamment aux offices religieux, se confessant et communiant.

GAUDIN, commandant.
Son fils fait des études au lycée. Indifférent en matière religieuse. Passe pour être un nationaliste.

CALLAUX, commandant.
Très clérical pratiquant, nationaliste.

DETRIE, commandant.
Tout jeune commandant. Constamment en mission.
Ne paraît priser que médiocrement les politiciens.
Appartiendrait plutôt au libéralisme qu'au nationalisme.

Proposé lieutenant-colonel (T 1906)
Officier d'ordonnance du ministre de la Guerre

FRANCK, commandant.
Plus au 66e. Parti en attendant sa retraite. Plutôt réactionnaire.

Le SAUX, commandant.
Catholique non pratiquant. Nationaliste.

En retraite

ROQUEBERT, commandant.
Clérical de marque, exalté, haineux, ennemi du gouvernement républicain, hostile au ministre de la guerre. Détesté des militaires.
Se méfier de lui très sérieusement.
Fait élever ses enfants chez les sœurs et les jésuites.

67e RÉGIMENT, à Soissons

TOUSSAINT, colonel.

Clérical de premier ordre, mais depuis quelques temps cache sa dévotion. Le ministère Combes-André lui fait peur, il voudrait surtout avoir de la protection pour son fils qui vient de rengager. Ennemi des civils. Dernièrement, le 67e célébrait la fête du régiment, contrairement aux années précédentes (sous d'autres colonels), les portes de la caserne étaient rigoureusement fermées aux civils. Les dames des officiers seules pouvaient entrer.

La famille de ce colonel est constamment aux églises. Il favorise les séminaristes et les laisse aller à leur cercle catholique en faisant semblant de fermer les yeux. Il est antiministériel, mais je le répète, se cache de plus en plus ; il est temps de montrer à ces messieurs que la République existe.

Nommé général
Commandant la brigade d'infie à Commercy

D'ORNANT, commandant.

Catholique pratiquant et avec ostentation. Antirépublicain. Anti-ministériel. Renverserait avec plaisir le général André.

N'a absolument rien fait pour la République et donnerait toute la preuve de son dévouement pour renverser le gouvernement.

En retraite

DESGARDINS-GOMBAULT, commandant.

Va continuellement à la messe, a des opinions complètement réactionnaires, est très mauvais officier, sans valeur. Ne cherche qu'à se faire pistonner pour pouvoir arriver. Officier de salon très correct avec les dames *et un point c'est tout comme valeur.*

A épousé la fille de M. Guérin, ancien magistrat royaliste. Est le beau-père du fameux d'Arcosse, rédacteur propriétaire de *l'Argus*, journal très méchant, et très réactionnaire et *antiministériel.*

Ne mérite aucune considération de la part des républicains, car il est tout prêt à les égorger si l'occasion se présentait.

Passé au 54e, à Compiègne

SAGET, commandant.

Opinions cléricales. Catholique ferme anti-ministériel. Est très malade, va probablement quitter l'armée. Inutile de s'occuper de lui.

Décédé

PORET de CIVILLE, commandant.

Officier catholique convaincu et pratiquant. N'est pas du tout républicain. Tout à fait opposé aux idées du gouvernement, mais ne fait pas d'actes pour manifester ses opinions. Est souvent malade.

En retraite

68e RÉGIMENT, à Issoudun

CHAIX de LAVARENE, commandant.

Correct en apparence, au fond très clérical et semblant affecter de ne fréquenter que le moins de monde possible, même parmi les officiers, ce qui le fait passer pour un homme très hautain et très entiché de sa noblesse.

Proposé pour lieutenant-colonel (T 1905)

MONSEGUR, commandant.

Correct, mondain, cherchant à passer pour vivre en bon termes avec toutes les autorités et les fonctionnaires civils, mais y mettant trop d'affectation et de maladresse pour que les sentiments qu'il affiche ne paraissent pas plutôt inspirés par un esprit d'ironie que par un sentiment de sincérité.

Promu officier de la Légion d'honneur

69e RÉGIMENT, à Nancy et Toul

HUGOT-DERVILLE, colonel.

Réactionnaire, clérical, même jésuite ; ennemi acharné du ministère actuel... (Suivant des imputations que nous ne voulons pas reproduire).

Un fils à Saint-Cyr.
Un fils à Saint-Léopold.
Un fils à Saint-Sigisbert.
Une fille instruite chez lui.

DURAND de GROSSOUVRE, commandant.

Réactionnaire et clérical militant.

Proposé pour lieutenant-colonel (T 1905)

SCHAEFFER, commandant.

Sans opinion et sans énergie ; peut être classé dans les vieilles badernes.

Décédé

RABIER, commandant.

Réactionnaire et clérical. Gendre de l'ancien président du tribunal Demontzey, mort il y a huit jours. Une grande fortune du choix de sa femme.

Ne se compromet pas, mais ne permet pas qu'on compte sur lui.

GIRAUD, commandant.

Pas d'opinions ; ne dit rien ; est d'un âge à mettre à la retraite. Pas d'énergie.

En retraite

LECOMTE, commandant.

Très bon républicain.

GUIONIC, commandant.

Réactionnaire, clérical.

Proposé pour lieutenant-colonel (T 1906)

70e RÉGIMENT, à Vitré

BOURDEAU, colonel.

A fait preuve de faiblesse en diverses circonstances vis-à-vis d'officiers cléricaux et réactionnaires, lesquels le dominent complètement. Continue à montrer dans ses paroles une hostilité marquée envers le gouvernement.

On peut affirmer de la façon la plus formelle qu'il est inféodé aux idées cléricales.

Au point de vue politique, il critique beaucoup le gouvernement actuel et prétend même au besoin que ceux qui nous dirigent conduisent la France à sa ruine.

Réactionnaire intransigeant, grossier ; ne mérite aucun ménagement et ne jouit d'aucune considération.

En retraite

De ROBERT du CHATELET, lieutenant-colonel.

Sans caractère et sans énergie.

Clérical et réactionnaire à fond.

Absolument opposé aux idées républicaines.

Proposé lieutenant-colonel (T 1905)

De SONIS, commandant en retraite.

Clérical militant.

GERMAIN, commandant.

D'une inconséquence de langage qui prouve son peu de suite dans ses idées et ses opinions. S'est plaint souvent de ce qu'il appelle « l'esprit militaire nouveau ».

LECUREUIL, commandant.

Très réservé, opinions politiques peu nettes.

En retraite

MOUTON, commandant.

A proféré à plusieurs reprises des propos hostiles au gouvernement et aux officiers républicains. Caractère faux et sans volonté. A des sentiments nettement réactionnaires, qu'il cache autant que possible dans le désir de monter en grade. S'est signalé pendant l'expulsion des frères de Vitré par sa mauvaise volonté et son apathie.

Nommé lieutenant-colonel au 86e, au Puy et promu officier de la Légion d'honneur.

ROLLAND de CHAMBAUDOIN, commandant.

Vient d'être mis à la retraite. Est sous la domination absolue du clergé. A manifesté ouvertement, sous les armes, en faveur des congrégations, lors de l'expulsion des frères de Ploërmel tenant école à Vitré.

En retraite

71e RÉGIMENT, à St-Brieuc

NOTTE, lieutenant- colonel.

Très nouvellement arrivé au 71e, souvent malade. Clérical.

En retraite

ALLIX, commandant.

A quitté le 71e. Est actuellement commissaire du gouvernement au Mans. Clérical.

ROBIEN, commandant.

Clérical de premier choix ; originaire de Saint-Brieuc, où il habite parmi ses parents et amis, tous cléricaux militants. Très cassé ; à mettre à la retraite d'office.

En retraite

DENET, commandant.
Douteux.

De la MOTTE-ROUGE, commandant.
Clérical. Vit parmi ses parents et amis qui assistent à toutes les processions du pays, même celles des Rogations. A envoyer dans un pays de socialistes, et au plus vite.
Proposé pour lieutenant-colonel (T 1906)

72e RÉGIMENT, à Amiens et Abbeville

BONVALOT, commandant.
A épousé une veuve avec enfants, très riche ; personnellement n'a guère de fortune ; très lancé dans le monde de la noblesse, les invite à ses nombreuses soirées.
Ne fréquente que des réactionnaires ; *dédaigne* les officiers *sortant du rang*, desquels, d'ailleurs, il est *très mal vu*. Peu connu en ville et plutôt antipathique.
Réactionnaire et clérical ; le jour du mercredi des cendres, est allé en *uniforme*, avec quelques autres officiers, recevoir les cendres à l'église ; cette manifestation prouve son esprit.
A quitté Abbeville il y a quelques mois.

74e RÉGIMENT, à Rouen

HEYMANN, colonel.
Excellent officier. Pas encore bien connu ici au point de vue politique et philosophique.
Ne prête assurément à aucune critique. Mais comme tout le service de renseignements discrets est au camp de Mailly, impossible d'éclairer un peu plus la lanterne.

DERODE, commandant.
Réactionnaire enragé.

75e RÉGIMENT, à Romans

TERRIS, colonel.

Très réactionnaire et très clérical ; assiste régulièrement aux offices divins ; déplore constamment le mal fait à la congrégation ; affecte de répéter devant tous les officiers qu'il espère que les conférences et paroles démocratiques ou humanitaires de certains officiers du régiment (lisez : lieutenant-colonel Ebener et commandant Coste) n'auront aucune influence sur les esprits vraiment militaires.

Essaye de se couvrir du masque de la bonhomie et du patriotisme ; mais en réalité, demeure sceptique, hypocrite et méchant.

En retraite

CHRISTOPHE, commandant.

Très clérical ; trouve monstrueuse la loi sur les congrégations. Est allié à une famille extrêmement dévote de Marseille ; a tenu textuellement les paroles suivantes : « Je serais obligé de mettre mes enfants à l'école laïque si je veux obtenir la croix d'officier ». Avait, l'année dernière, ses filles dans une école religieuse, et son fils aux Maristes ; le fils a été, cette année, placé au collège ; mais a préféré garder ses filles chez lui plutôt que de les envoyer à l'école laïque, à cause de ses convictions, et tout cela pour ne pas compromettre sa proposition au grade d'officier de la Légion d'honneur.

Très brutal, ne sait que « gueuler » ; est très inhumain aussi ; a récemment, et pour un motif futile renvoyé une bonne à six heures du soir, malgré les pleurs et supplications de la malheureuse, qui ne savait où aller coucher. Officier peu intéressant.

Proposé pour officier de la Légion d'honneur (T 1906)

DULYS, commandant.

Type du parfait nationaliste ; réactionnaire et clérical au suprême degré ; cherche toute occasion pour développer ses théories religieuses (*ici une diffamation*) ; est resté dans l'armée, malgré la perte d'un bras au Tonkin, pour satisfaire de grandes espérances d'ambition, espérances justifiées, dit-on, par de très hautes protections. Est l'officier sectaire et hargneux pour tout ce qui ne pense pas comme lui ; aurait, étant capitaine à Toulon, fait envoyer aux compagnies de discipline deux caporaux ou soldats coupables d'avoir chanté certains refrains socialistes.

Proposé pour officier de la Légion d'honneur (T 1806)

LECADET, commandant.

Clérical par essence, gémit sur le sort des congrégations. Madame L..., de concert avec son mari, exprimait récemment dans un salon son mépris pour une dame d'officier qui, paraît-il, ne faisait point faire sa première communion à sa fillette. Evite cependant de manifester des sentiments antidémocratiques. En somme, est un des moins mauvais.

PONTE, lieutenant.

Type parfait du bourgeois, conservateur et religieux ; méprise le pauvre, s'indigne contre l'expulsion des congrégations. Dit très sérieusement que la religion est nécessaire, au moins pour le peuple, *le bas peuple, bien entendu*, parce que c'est cette pensée de religion et de Dieu qui le maintient dans le bien. Est très effrayé par les idées radicales et socialistes.

DOLLET, lieutenant.

Caractère extrêmement courtisan et servile ; manque complètement de franchise ; peu scrupuleux ; manque de dignité ; reste parfois plusieurs mois sans acquitter de petites dettes, au point d'en être ridicule.

Est resté beaucoup trop longtemps secrétaire de la boucherie régimentaire ; c'est ce qu'on appelle un malin ; en matières politiques et religieuses, est toujours de l'avis de celui qui parle : quand il se trouve en présence de personnes ayant des opinions différentes, ne dit rien.

77e RÉGIMENT, à Cholet

De GOUE, lieutenant-colonel.

Clérical, alcoolique, très réactionnaire ; affectant de n'avoir avec les autorités civiles aucun rapport. Assidu des messes matinales, pour qui les recommandations de ses confrères en noblesse et en cléricaille sont des ordres.

PIERREFITTE, commandant.

Indifférent.

BLANDIN, commandant.

Indifférent.

Proposé pour lieutenant-colonel (T 1906)

79e RÉGIMENT, à Nancy et Neufchâteau

JOPPE, lieutenant-colonel.

Jésuite sectaire, a jeté la discorde dans le corps des officiers, en distinguant les jésuites des libéraux.

Dans les dîners qu'il donne aux personnages de sa caste, dit des horreurs des officiers et de leurs familles. Marque le pas pour l'avancement parce que, selon ses réflexions, il a été casserolé ; dit les plus odieuses calomnies sur ses supérieurs, ses égaux, ses subordonnés : ce sont des francs-maçons, etc. N'a jamais donné de notes qu'en se basant sur les institutions où les officiers ont fait leurs études. La manière de servir n'a jamais compté pour lui. Les officiers sortant des jésuitières sont les officiers d'élite qui doivent seuls avoir de l'avancement. Le peuple a été trop instruit — les officiers de Saint-Maixent ne sont bons qu'à faire des comptables et doivent être notés comme tels.

En raison de sa partialité, de son esprit jésuitique sectaire, anti-républicain, antidémocrate, doit rester lieutenant-colonel. Ne doit à aucun prix être promu chef de corps, doit disparaître de la garnison de Nancy. Il suffit de contrôler le feuillet du personnel des officiers, le carnet d'inspection pour être fixé sur cet officier supérieur. Dit des horreurs du gouvernement et des ministres en particulier. Sous des dehors charmants, est un hypocrite. A refusé, étant encore examinateur à Saint-Maixent, les candidats qui lui paraissaient trop jeunes, quelle que soit leur valeur, à moins qu'ils ne sortent de la jésuitière. Dans les notes qu'il a données à certains officiers, a cherché à briser leur carrière par des jeux de mots, des figures de rhétorique, des épigrammes.

Avec le colonel de Lardemelle, ils forment un duo jésuitique tel que tous les officiers qui ne pensaient pas comme eux étaient envoyés de parti pris au 4e bataillon et au dépôt de Neufchâteau, et avaient une peine inouïe d'en revenir, s'ils n'étaient pas nobles ou jésuites. Il suffit de contrôler ces renseignements pour voir qu'ils sont rigoureusement exacts.

Enfin, fait des stages dans la cavalerie et l'artillerie, car il est honteux de voir que ses partialités sont découvertes et qu'il en subit les conséquences.

Doit disparaître de Nancy comme lieutenant-colonel, et non pas colonel ; doit être employé dans l'état-major en sous-ordre et jamais chef de corps.

Demande Saint-Brieuc pour être soutenu par les réactionnaires.

Nommé colonel au 71e, à St-Brieuc et promu officier de la Légion d'honneur

Le MONIES de SAGAZAN, commandant.

Réactionnaire et clérical.

Partage les idées d'un de ses parents qui, en Bretagne, a été mêlé à l'agitation organisée contre le gouvernement à propos des expulsions des congréganistes.

En retraite

MOUTEAUX, commandant au 79e d'infanterie.
Réactionnaire, clérical, très militant.

Promu officier de la Légion d'honneur

DESMARETS, commandant.
Nationaliste, clérical.

Décédé

DELOCHE, commandant.
Nationaliste et réactionnaire, clérical.

CESTRE, commandant.
Bon à mettre à la retraite. Ne dit rien parce qu'il n'a plus d'énergie.

81e RÉGIMENT, à Rodez

CHASTANG, commandant.
Absolument clérical, et plutôt dur avec les troupiers. Dévoué à la réaction ; fréquente l'église et l'aumônier.

Détaché à l'école normale de tir, à Châlons

82e RÉGIMENT, à Montargis

KERDRAIN, colonel.
Vient d'être nommé général à Aurillac (deux diffamations). N'avait aucune relation en dehors du monde de l'armée et restait confiné au Cercle militaire.

Nommé général, commandant la 50e brigade d'infanterie, à Aurillac

PESLIN, lieutenant-colonel.

Ancien officier d'ordonnance du général Billot. Très aimable. Se mettra toujours du côté du plus fort. N'a jamais manifesté d'opinions politiques. Attitude très effacée, ne veut aucune histoire dont le contrecoup lui puisse nuire.

Sacrifierait tous ses inférieurs pour éviter un désagrément.

Vient d'être nommé au grade de colonel, chef sévère, peu aimé de ses soldats.

Ancien officier d'ordonnance du général Billot, affable, mielleux, se garde d'afficher ses opinions. Sera toujours du côté du manche, mais sympathise plutôt avec les officiers réactionnaires. Ne se livrera jamais à aucune manifestation antirépublicaine, son intérêt passant avant ses convictions.

Nommé colonel au 14e régiment, à Brive

PIALES d'AXTREZ, commandant.

A passé la plus grande partie de sa carrière dans les bureaux du ministère de la guerre. Esprit étroit, déteste la République, mais se garde de le faire voir. Beaucoup de toupet.

CARLY de SWAZZEMA, commandant.

Nationaliste militant dont les enfants sont, paraît-il, chez les congréganistes. Son salon est le rendez-vous de tous les nationalistes du régiment et il est le grand pontife des officiers réactionnaires. Va à la messe et s'exprime très librement sur le compte du ministre de la guerre quand il est avec ses camarades.

A la mentalité des officiers de l'armée de Condé, et ne veut rien, absolument rien, au point de vue politique.

En non activité pour infirmités temporaires

COLIN, lieutenant.

Très mauvais : nationaliste, antisémite, antifranc-maçon.

83e RÉGIMENT, à Toulouse

De BEAULIEU, colonel.

Toujours ennemi irréductible. A tenir éloigné de tout avancement et à surveiller.

DESHORTIES de BEAULIEU, colonel.

Sentiments hostiles à la République.

Affecte, depuis peu, des sentiments républicains *très avancés*. Tout le monde comprend que c'est pour conquérir les étoiles.

A placé son fils auprès de M. Piou en qualité de secrétaire, dans l'espoir que la girouette gouvernementale tournerait de ce côté.

A toujours au cœur son ancienne haine contre la République. On le croit capable de cirer les bottes d'un prétendant.

Excessivement hautain avec ses officiers.

Sans valeur, réactionnaire, clérical. (Ici une diffamation). Antipathique à tout ce qui est républicain.

En retraite

DARDE, lieutenant-colonel.

Le lieutenant-colonel est un réactionnaire et un clérical endurci. Depuis qu'il fréquente un peu plus la sous-préfecture, il va moins souvent à la messe, mais c'est pour mieux donner le change.

Il ne trompe personne ; ses opinions réactionnaires et cléricales sont connues de tous. Il ne néglige, d'ailleurs, aucune occasion de dire tout le mal possible des anti-cléricaux, qui, parait- il, sont sa bête noire.

Nommé lieutenant-colonel au 162e. à Verdun et proposé pour officier de la Légion d'honneur

DUSSERT-VIDALET, commandant.

A été en garnison à Saint-Gaudens ; depuis qu'il est commandant, habite Toulouse. Avait à Saint-Gaudens, la réputation d'un officier très instruit, très au courant de son métier, mais un peu brusque avec ses subordonnés. Il était cordialement détesté de toute sa compagnie. Opinions réactionnaires et cléricales, mais ne se montrant pas.

SOULIE, commandant.

Actuellement à Toulouse. Pendant tout le temps qu'il a passé à Saint-Gaudens, il n'a pas manifesté ses opinions politiques et philosophiques. Il vivait très retiré, et les questions qui paraissaient dominer chez lui étaient... (ici une diffamation).

C'est également l'opinion de ceux qui le connaissent à Toulouse.

Bon républicain ; est en désaccord avec son colonel, M. Deshorties de Beaulieu, à cause de ses opinions.

Nommé lieutenant-colonel au 20e régiment, à Montauban

RICHARD d'ABNOUR, commandant.

Réactionnaire et clérical.

Militant.

Très gros.

Impotent à moitié, — érudit cependant.

84e RÉGIMENT, à Avesne

LECONTE, commandant au 84e, Ecole normale de tir (camp de Châlons).

Absolument clérical. Dévoué à la réaction. Fréquente l'église.

85e RÉGIMENT, à Cosne

WOIRHAYE, colonel.

Parfait jésuite, *dangereux* pour les républicains

et pour la République. Va chaque dimanche communier à la chapelle de l'hôpital, pour n'être pas vu à l'église. Traque constamment les officiers suspects de républicanisme.

C'est l'avis unanime depuis longtemps de tous les républicains civils et militaires qui ont pu le voir d'un peu près.

Ne soutient que les cléricaux et les réactionnaires.

Proposé pour officier de la Légion d'honneur (T 1906)

GARNIER, lieutenant-colonel.

Ouvertement clérical.

Affecte autant de mépris pour les institutions républicaines que de dédain pour les magistrats, les fonctionnaires et les officiers républicains, avec qui il ne veut avoir aucun rapport, même mondain.

Réserve toutes ses faveurs aux cléricaux, qu'il appuie près du colonel. Appelle devant la troupe notre hymme national une musique de saltimbanque.

Plus qu'une nullité militaire.

LAMBERT, commandant.

Clérical ; usé à fond.

BOURDIER, commandant.

Parfait clérical. (*Ici une diffamation*). Et nul à tous les points de vue.

Nommé lieutenant-colonel au 156e, à Toul

JANNIN, commandant.

Catholique pratiquant et paraissant sincère. Intelligent. Avocat plus qu'officier.

87e RÉGIMENT, à Saint-Quentin

RŒDEL, colonel.

Bonapartitste, clérical ; réserve ses faveurs aux protégés des évêques et des curés. Est arrivé par le général des Garets, ami personnel de Loubet. Ce général l'a toujours suivi, aidé, grâce aux courbettes indignes dont il était l'objet et malgré l'insuffisance et l'infériorité de ce triste et pénible élément. N'est pas moins un triste chef et un pauvre citoyen, quant à ses misérables idées. J'ai déjà eu le plaisir de rendre justice à cet élément de mauvais aloi. Aurait-on perdu la fiche que je vous ai envoyée en 1903 ?

Créature du général des Garets ; impérialiste ; parle peu, mais n'est ni de cœur ni d'esprit avec le pouvoir dirigeant actuel.

Promu officier de la Légion d'honneur

HAUSSER, lieutenant-colonel.

Homme modeste, simple. Son attitude, ses sentiments libéraux et son indépendance lui ont valu de marquer le pas trop longtemps. Cependant il est le camarade de promotion du général Pau, le manchot qui est si merveilleusement enjoué. Son colonel actuel du 87e est aussi son autre camarade de promotion, malgré le cléricalisme enragé de l'un et de l'autre de ces deux jésuites.

Proposé pour officier de la Légion d'honneur (T 1906)

DANNER, commandant.

Formidable jésuite, qui n'a de valeur que par sa femme, fille de préfet impérial.

Clérical, nationaliste, rétrograde à outrance ; militaire nul. Ne connaît que les punitions, dans le but insigne de faire respecter sa triste personnalité. En résumé : pauvre sujet, misérable postulant à l'avancement immérité. Ne sait qu'abonder dans le sens de ses chefs (colonel et généraux cléricaux et jésuites comme lui) pour conquérir leur bienveillance en répondant toujours obséquieusement : *Amen !*

Cet officier supérieur est vigoureusement appuyé par la réaction cléricale et la cléricaillerie.

Les enfants de cet officier sont chez les Maristes de Versailles.

Proposé pour lieutenant-colonel (T 1906)

De PLAS, chef de bataillon.

Bon garçon, inoffensif apparemment. Flatte l'autorité dans un but personnel. Est né trente ans trop tard. Affiche un cléricalisme peu ordinaire.

PAYEN, commandant.

Personnage insignifiant. Mouton de Panurge.

ROSSY, chef de bataillon.

Boulangiste enragé. Demande un maître et un dictateur ; capable de tout pour conquérir du galon.

En retraite

BURET, chef de bataillon.

Homme faux, jésuite, suivra le sabre s'il se présente. Plat sans caractère.

Esprit sectaire, ambitieux, n'importe à quel prix ; clérical, réactionnaire dans l'âme ; enfin, un élément nuisible.

88e RÉGIMENT, à Auch

Marquis de BELLEFOND, colonel au 88e de ligne, à Auch.

Encore un colonel noble ; c'est le troisième dans la division. Au 88e de ligne se trouve un peloton spécial composé de tous les dispensés de la division (étudiants, avocats, professeurs, instituteurs, etc.) ; un certain nombre de nobles s'y trouvent : MM. de Bonnefoy, de Rigaud de Laplagnolle, etc. A eux toutes les faveurs, toutes les permissions. Au premier de l'An, ils ont eu quatre jours. Quant aux non nobles, aux manants, surtout aux instituteurs, pas de permissions ; à peine vingt quatre heures ou seulement la nuit.

Aux instituteurs, toutes les avanies et même toutes les ironies. Les gradés se modèlent sans doute sur

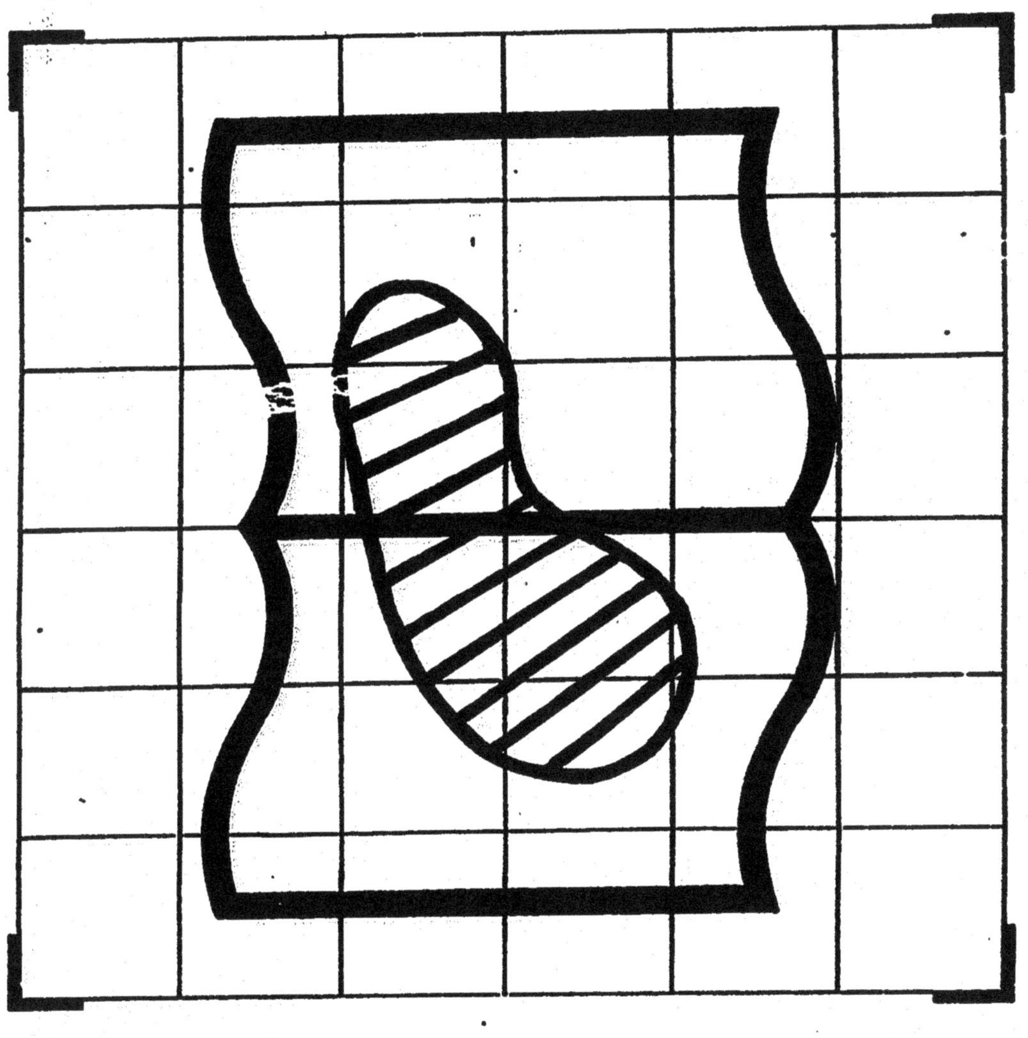

leur colonel, et il n'est pas de quolibets qui ne leur soient envoyés. « Eh ! vous, là-bas, l'homme à barbe, instituteur !» « Ah ! vous êtes instituteur ! vous savez tout ! vous n'êtes rien ici », etc., etc. Telles sont les aménités qui leur sont attribuées journellement. Eux seuls sont interrogés devant le colonel, car on exige la théorie mot à mot. Comme il très difficile pour des jeunes gens intelligents de faire un effort qui l'est si peu, ce sont les instituteurs qui sont les boucs émissaires devant le colonel pour la récitation de la théorie.

On fait tellement de différence entre ces jeunes gens qu'on a réussi à les diviser en deux camps qui ne se fréquentent pas, ne se parlent pas.

2° La *Dépêche*, dans son édition d'Auch, a signalé un autre fait grave qui se passe à Auch. Les soldats se divisent en hommes qui mangent à l'ordinaire et ceux qui ne mangent pas à l'ordinaire. Ces derniers, les riches, sont libres d'aller à la cantine quand ils veulent, et de sortir à cinq heures, le soir. Les premiers, les pauvres, doivent rester au réfectoire pendant la soupe, et ne se retirer qu'après une sonnerie indiquant que le repas est fini. Durant le repas, ils ne peuvent se lever sans la permission du gradé qui les surveille. Lorsque le repas est fini, le soir, ils peuvent sortir en ville. Il est toujours six heures quand ils quittent le quartier. Il y a déjà une heure que les riches se promènent. Si un pauvre, un jour, par hasard, veut aller à la cantine, il faut qu'il assiste quand même au repas de ses camarades. Après la sonnerie de cesser la soupe, il peut aller à la cantine.

3° Enfin, au 88° de ligne, il est défendu de lire la *Dépêche*. Un militaire ayant reçu la *Dépêche* par la poste, envoyée par ses parents, a eu quatre jours de prison. Si bien qu'un instituteur qui y fait son service n'ose pas se faire envoyer le *Bulletin de l'Amicale des Instituteurs.*

Il me semble urgent que les généraux républicains de Toulouse soient avisés de ces faits pour qu'ils mettent un terme à cet état de choses.

Hors cadre (Recrutement)

LASSAULT, lieutenant-colonel.

Clérical pratiquant et convaincu ; se montre plus

tolérant que son chef immédiat le colonel Méric de Bellefond et moins dédaigneux que lui du régime républicain. Ne serait pas le premier à tordre le coup à la Gueuse, mais ne serait sûrement pas le dernier.

Au point de vue professionnel, n'a qu'une valeur tout à fait ordinaire. Plus intelligent que son chef, plus respectueux des droits des petits, ne traitant pas les hommes comme des machines, il obtient les meilleurs résultats en faisant moins de mécontents.

Proposé pour officier de la Légion d'honneur
En retraite

CAPIN, commandant.

Appartenant à une famille cléricale, se conduit comme un homme dévoué, mais je ne garantirais pas son dévouement.

Promu officier de la Légion d'honneur

DELBOUSQUET, commandant.

Appartient à une famille essentiellement réactionnaire. Ancien élève du Caouson de Toulouse. Méprise profondément le régime républicain, lequel, d'ailleurs, lui a donné un avancement exceptionnel à la suite d'une circonstance heureuse, pendant la campagne de Madagascar (voir le carnet de campagne du lieutenant-colonel Lentonnet). Au dire de ses camarades qui se trouvaient avec lui, cet avancement était assez peu justifié.

Caractère violent et emporté. Au point de vue professionnel n'a rien de saillant, si ce n'est sa brutalité. Cherche trop à se mettre en évidence. La rudesse de ses manières l'a rendu peu sympathique et lui a valu le surnom d'Ogre et de Dompteur.

Proposé pour lieutenant-colonel (T 1905)

HAON, commandant.

Républicain sincère et dévoué. Jugement droit. S'est trouvé en butte à cause de ses opinions républicaines aux vexations et aux tracasseries de ses chefs réactionnaires, tel que l'ancien colonel de Bellefond, du 88e ; les généraux Gay de Taradel, Tisseyre et d'autres jésuites de marque.

En retraite

MINET, commandant.

Réactionnaire doublé d'un clérical. Caractère faux. Ne dit rien contre le gouvernement, qu'il étranglerait s'il le pouvait. Paresseux et gourmand. Craint le cheval.

89e RÉGIMENT, à Paris et Sens

TERME, colonel.

A rétabli les reposoirs et les processions militaires au Prytannée quand il le commandait ou plutôt quand il le laissait commander par l'aumonier Morancé.

Devient, parait-il, républicain, tout au moins en paroles, à l'approche des étoiles.

Homme timide et dangereux.

Passé avec son grade au 132e régiment, à Reims
Proposé pour officier de la Légion d'honneur (T 1906)

De LA GENESTE, colonel.

Réactionnaire et clérical militant. Hait le gouvernement républicain, mais sait habilement se taire pour ne pas entraver son avancement.

A laisser colonel.

Nommé général, commandant la 18e brigade d'Infanterie, à Blois

THIEBAUT, lieutenant-colonel.

Au point de vue professionnel, son service consiste à venir à bicyclette au quartier, à grande allure, à punir tous les jours le factionnaire qui ne l'a pas aperçu assez vite pour lui faire rendre les honneurs par le poste.

A son rapport, il augmente régulièrement les punitions et diminue les permissions ; il se retire ensuite à son domicile, la conscience tranquille, après avoir consacré un quart d'heure au maximum à ses fonctions de chef de détachement.

Esquive toutes les occasions de service où il doit faire œuvre personnelle : manœuvres de garnison, marches manœuvres, etc. Ne veut rien faire, manifeste de la mauvaise humeur dès qu'il est obligé de remplir un devoir de son grade, et, malgré cela, est très ambitieux.

Au point de vue politique, flatte toutes les personnes en situation de lui être utile, tout en les méprisant, notamment M. Cornet, député de Sens, qui est obligé de lui demander certains services en faveur des réservistes du canton. Il réussit ainsi à capter la confiance des républicains, à obtenir une certaine estime dans les milieux socialistes avancés de la ville, même parmi les rédacteurs du *Pioupiou de l'Yonne.*

Cependant, quand il croit être avec des gens bien pensants, manifeste son antipathie pour la République et les hommes politiques actuels.

S'est ému et irrité de voir des officiers faire leurs achats chez le Vén.·. de la L.·. la Concorde de Sens, et s'est fait donner leurs noms.

Le Vén.·. F.·. Poulain tient une papeterie et un bazar et est notoirement connu pour ses opinions et sa qualité de Vén.·.

Pour créer l'équivoque, fait suivre sa signature des trois points maç.·.

En résumé, officier réactionnaire, partisan ardent de l'ancien régime, qu'il regrette ; brutal ; excessivement autoritaire ; parfois égoïste ; inaccessible à aucun sentiment généreux ; s'occupe autour de lui, de menuiserie et de lawn-tennis.

A des idées absolument rétrogrades sur le rôle de l'officier dans la nation ; ne pas compter sur lui pour en faire un chef de l'armée nouvelle.

DUPONCHEL, commandant.

Type achevé du fumiste qui se sert de tous les moyens pour arriver.

Sans aucun scrupule, est de tous les partis, pourvu qu'il obtienne de l'avancement. Très adroit, très insinuant, très intrigant, trouve à faire partie de toutes les commissions pouvant lui donner une certaine publicité. Peut être comparé à un petit abbé de cour de l'ancien régime.

Est d'autant plus dangereux qu'il est d'une intelligence très vive et possède des qualités professionnelles de premier ordre ; mais c'est un officier sur lequel il ne faut faire aucun fond au point de vue politique. Il était antidreyfusard à Brive, au moment du procès de Rennes, et, bien qu'il flatte les idées actuelles, n'a pu s'empêcher de manifesetr son antipathie pour Zola en petit comité.

A écarter de toute fonction importante.

GRILLOT, commandant.

Est major au 89e depuis janvier 1903. N'a pas su se mettre au courant de son service après un an de fonctions. Masque son inaptitude en s'absentant, sous prétexte de maladie (fait soigner une maladie qu'il a depuis cinq ans), de janvier à juin 1904, puis après une présence de quelques semaines, doit aller à Barèges en juillet, puis en congé de convalescence et rentrer au corps en septembre. D'après les confidences faites à quelques officiers du détachement, quittera le 89e pour le 98e, à Lyon, en décembre prochain. Une vacance de chef de bataillon lui est déjà réservée dans ce régiment par un officier du cabinet du ministre (le F∴ Mollin, capitaine, qui s'intéresse tout particulièrement à lui).

Le commandant Grillot, au prix de l'avenir d'un de ses subordonnés et sans motif justifié, a établi vis-à-vis de ses chefs qu'il était un administrateur consommé. Bien qu'il ne travaille que trois heures par jour, ambitionne la réputation d'un travailleur infatigable et profite de toutes les occasions pour essayer de l'établir et surprendre ainsi la bonne foi de ses chefs.

D'après ses propres déclarations, le major Grillot est partisan d'une République avec Ribot comme président du conseil des ministres, et en établissant une comparaison à ce sujet avec le gouvernement actuel, a eu les épithètes les plus injurieuses et les plus ordurières pour les ministres Combes et André, prenant tout particulièrement ces deux ministres à partie. Très adroit, il sait se lier avec les gens notoirement républicains ; il a certainement trompé la confiance du capitaine Mollin, qui le considère comme un républicain convaincu. Cette intimité avec le F.·. Mollin, qui peut s'expliquer par des raisons peut-être étrangères à la politique, cause néanmoins préjudice à la réputation républicaine de cet officier d'ordonnance du ministre.

Le commandant Grillot manifeste enfin un profond mépris pour les maçons ou ceux qu'il soupçonne comme tels, quand il croit se trouver avec des personnes de son opinion.

En résumé, type accompli de l'arriviste à qui aucune confiance ne doit être accordée. Très dangereux pour les officiers républicains, obtient malgré cela les faveurs du gouvernement, qu'il déteste, et fait valoir bien haut son crédit au ministère de la guerre.

Passé avec son grade au 22e régiment, à Lyon

DAGUENET, commandant.

Intelligence très vive. A de la fortune dont il jouit tout en s'occupant de son service. A le plus grand désir d'arriver, désir justifié par ses capacités professionnelles.

Ne partage certainement pas toutes nos idées, mais se montre toujours libéral dans le service comme en dehors du service.

Ne fait pas plus d'opposition contre nous que d'action pour nous.

COLONI, commandant.

En retraite depuis février 1904, vieil homme, vieilles doctrines, vieilles idées, vieilles opinions.

En retraite

BAUMANN, commandant.

Vieux garçon égoïste, certainement dans nos idées, mais intelligence bornée, qui se manifeste dans ses façons de commander

Passé dans l'Infanterie coloniale

90e RÉGIMENT, à Châteauroux

GENOT, commandant.

Se dit et se croit peut-être républicain ; mais appartient par sa femme à une famille cléricale et n'a eu rien de plus pressé en arrivant à Chateauroux, où il n'est que depuis quelques mois, que de confier l'instruction de ses filles (3) au couvent des sœurs de Chavagnes, alors qu'il existe dans la ville un établissement de cours secondaire de jeunes filles très bien dirigé et très apprécié.

91e RÉGIMENT, à Mézières

De PERCY, colonel.

Antisémite, réactionnaire, clérical militant, enfants chez les Jésuites. Compare le drapeau : le bleu à la couleur de la Vierge ; le rouge au sang de Jésus-Christ ; le blanc à l'innocence de Jésus-Christ. Engage son corps d'officiers à aller rendre visite à l'archevêque, leur disant : « J'irai et je regarderai derrière moi ».

Ame damnée de Drumont. Drumont est le parrain d'un de ses enfants. Clérical, réactionnaire. Enfants chez les congréganistes.

En retraite

PARES, lieutenant-colonel.

Ne pratique personnellement aucune religion ; mais depuis quelque temps, a placé ses filles à l'école des sœurs de Charleville.

A été rayé du tableau d'avancement pour colonel, où il figurait depuis deux ans.

N'aime pas les juifs.

Promu officier de la Légion d'honneur

BROUET, commandant.

Clérical, va régulièrement à la messe. Officier travailleur ; force par l'exemple ses inférieurs à travailler ; marié, ses enfants, jeunes, ne vont pas à l'école.

92e RÉGIMENT, à Clermont-Ferrand

CARBILLET, colonel.

Avis partagés sur ses sentiments. Les officiers de son régiment, en partie, le considèrent comme un fumiste qui veut du galon. Fait à ses hommes des discours franchement républicains, mais les punit souvent à tort et à travers. Fréquente de préférence les officiers reconnus pour être des réactionnaires militants, et semble les favoriser de ses bonnes grâces, sans que pourtant il jouisse de leur confiance. Son collègue, de Cadoudal, de l'artillerie, disait de lui à un dîner intime où n'assistaient que les chefs de la réaction de notre département, qu'il était un ambitieux et « qu'il faisait le *zouave* dans ses ordres du jour pour avoir les faveurs de la Marianne ; qu'il était plus roublard que les autres, et arriverait certainement par ces procédés à décrocher les deux étoiles ».

Homme du Nord, qui a longtemps habité le midi, d'où sa femme est originaire ; il est d'une faconde toute gasconne, ce qui peut-être fait dire que ses sentiments philosophiques et politiques sont plutôt d'apparat et de sincérité douteuse. Il ne va pas à la messe et accompagne tous les jours son fils au lycée.

Promu officier de la Légion d'honneur

BONNIOT de FLEURAC, commandant.

Type de l'officier de parade, botté et cravaché ; eût semblé mieux à sa place dans la cavalerie que dans l'infanterie ; dit, depuis dix ans qu'il va quitter l'armée, parce que ça va mal. Il produit beaucoup extérieurement et fait le beau. Se croit un génie méconnu, tant il a une haute opinion de lui-même. Très clérical, a décommandé ses chaussures au maître cordonnier du 92e parce que celui-ci a été maltraité par les journaux réactionnaires lors des affaires du général Tournier ; voulait plus que jamais quitter l'armée à ce moment. Est allé trouver le directeur du journal l'*Avenir* (organe clérical et réactionnaire) et celui du journal la *Croix d'Auvergne*, les larmes aux yeux, pour dire qu'il était écœuré de ce qui se produisait, et que les francs-maçons étaient les maîtres de la France ; qu'il fallait leur faire une guerre acharnée. Jésuite. Flatteur auprès des supérieurs ; mauvais pour ses inférieurs ; très dangereux ; moucharde pour la réaction.

GAND, commandant.

Réputé un brave homme qui fait son métier consciencieusement ; bien vu de tous ; ne s'occupe pas de politique militante ; a des tendances cléricales ; va à la messe en civil, mais ne dit jamais rien du gouvernement ; ni chien, ni loup. S'observe dans ses conversations, et parle toujours par énigmes ; difficile à pénétrer. Plutôt froussard.

GUILLOT, commandant.

N'est plus au 92e, mais au 9e, à Agen. Est celui qui, aux manœuvres, à Arconnat, obligeait les officiers de son bataillon à donner pour les sœurs, et avait mis en quarantaine le lieutenant Claussot, qui s'y refusait ; a motivé l'interpellation Dejeante, à la Chambre, et cause initiale du conflit entre ce lieutenant et le lieutenant d'artillerie Poisson, qui traita son collègue de casserole, en refusant de lui rendre son salut. Clérical jusqu'à la folie ; porteur de croix et de scapulaires ; se découvre respectueusement devant tous les frocards.

93e RÉGIMENT, à La Roche-sur-Yon

GROTH, colonel.

Réactionnaire militant, clérical pratiquant qui, tout d'un coup a tourné à la République, et certainement en raison d'intérêts personnels. Néanmoins, la décision ferme qu'il a prise d'interdire à son régiment l'entrée du Cercle militaire catholique a fait un très grand bien à la cause républicaine en Vendée, et cela juste au moment du renouvellement du conseil général. Aussi il n'y a aucun inconvénient à lui donner les étoiles, mais il y a intérêt à faire surveiller ses actes de très près.

Nommé général, commandant la 21e brigade, d'Infanterie, à Nancy

CAVALLI, lieutenant-colonel.

Esprit étroit et faussé par les pratiques religieuses. Ne fréquente que les réactionnaires, n'aurait jamais dû arriver au grade de lieutenant-colonel.

De VISDELOUP de BONNAMOUR, lieutenant-colonel.

Réactionnaire militant et clérical pratiquant, qui figure au tableau d'avancement depuis trois ans, mais à qui il serait dangereux de confier le commandement d'un régiment.

En retraite

Proposé pour officier de la Légion d'honneur

(T 1904)

DESOURTEAUX, lieutenant-colonel.

Ne montre pas ouvertement des idées républicaines, mais néanmoins le gouvernement peut compter sur lui, bien qu'il ne soit pas complètement anticlérical ; n'a jamais été mêlé à ces histoires de Cercle catholique, dont l'aumônier était d'un grand poids dans la distribution des grades inférieurs, au 93e. Il n'a fait, au contraire, qu'appeler l'attention du colonel sur le danger qu'il y avait à laisser ainsi chaque soir plus de 800 gradés et hommes se réunir sous la présidence de cet abbé, dont le but inavoué était de former de futurs électeurs. Le lieutenant-colonel Desourteaux a une main très ferme, et il y aurait intérêt à ce qu'il fut nommé au commandement du 93e, lors du départ du colonel Groth, car si ce dernier venait à être remplacé par un colonel réactionnaire, nous aurions vite perdu le bénéfice de cette marche en avant, étant donnée la composition du corps d'officiers de ce régiment.

Nommé colonel, commandant le 114e régiment, à Saint-Maixent
Promu officier de la Légion d'honneur

DESORTHES, lieutenant-colonel.

Républicain modéré et anticlérical ; ami intime du préfet de la Vendée ; très libre d'allures, et chef d'une rare énergie, sur lequel le gouvernement peut compter.

Nommé colonel, commandant le 2e régiment étranger, à Saïda

MARTINEAU, chef de bataillon.

Officier qui va atteindre sa limite d'âge ; clérical et réactionnaire, bien que sortant des rangs.

En retraite

GUYONNET, major.

Clérical et réactionnaire militant, qui manifeste ouvertement son dédain pour la République. Ancien Frère de la Doctrine chrétienne ; sera atteint, l'an prochain, par la limite d'âge.

En retraite

MORAND, médecin-major de 1re classe.

Réactionnaire militant et clérical très pratiquant, qui a néanmoins mis ses enfants au lycée, en raison de l'intérêt qu'il a, au point de vue de l'avancement, de laisser croire qu'il adopte la forme gouvernementale. Etait médecin-major de 2e classe dans un régiment de cavalerie, dont il a conservé tous les principes réactionnaires.

GUIDON-LAVALLEE, commandant.

Nouvellement arrivé à la Roche-sur-Yon, d'allures franches, et nommé chef de bataillon au choix, le lieutenant-colonel G...-L... semblait avoir des principes républicains ; mais, ayant accepté récemment de représenter un lieutenant titré et des plus réactionnaires dans une affaire de duel avec le rédacteur d'un journal républicain, il s'est montré sous un autre jour et reste à étudier de très près.

VIOT, commandant.

Déteste le régime actuel, qu'il supporte néanmoins en raison des avantages qu'il trouve dans sa situation d'officier supérieur. Clérical pratiquant.

CHAUVEL, commandant.

Allié à une famille réactionnaire, bretonne ; manifeste hautement ses idées religieuses et son dédain pour le gouvernement de la République. Fanatique et dangereux.

BISSEY, commandant.

Va atteindre bientôt sa limite d'âge. Clérical et réactionnaire, bien que sortant du rang.

En retraite

LORMEAU, commandant.

Réactionnaire militant et clérical très pratiquant qui est arrivé relativement vite au grade de chef de bataillon, malgré ses idées rétrogrades et son profond mépris pour le régime actuel.

LUCAS, commandant.

Est un officier détestant le régime actuel, qu'il supporte néanmoins en raison des avantages qu'il trouve dans sa situation d'officier supérieur. Clérical militant qui a manqué absolument d'énergie dans l'affaire du lieutenant Portier. Alors qu'il commandait par intérim le régiment, il n'a pas envoyé un ordre formel et écrit à cet officier, qui avait déclaré, la veille, qu'il ne marcherait pas s'il était commandé pour exécuter la loi contre les congrégations. On croit qu'il a demandé sa mise à la retraite.

DUROSOY, sous-intendant militaire.

Réactionnaire militant et clérical très pratiquant ; est arrivé très vite (probablement en raison de ses idées rétrogrades) au rang des officiers supérieurs ; caractère souple jusqu'à la servilité ; a attendu le moment où le ministère était bien assis pour retirer de chez les Jésuites ses enfants qu'il a mis au lycée.

95e RÉGIMENT, à Bourges

NOEL, colonel.

Républicain et libre penseur.

Promu officier de la Légion d'honneur

De BREBAN, lieutenant-colonel, stagiaire au 37e d'artillerie.

Réactionnaire et clérical avéré ; admire l'armée allemande, parce que les nobles seuls peuvent y être officiers.

REBORA, colonel.

Se dit républicain depuis l'arrivée du général André au ministère. Depuis trois mois, tâche de faire concorder cette opinion avec son origine militaire (sort du rang). On ne lui connaît pas d'opinions au point de vue religieux.

Au point de vue militaire, c'est un sergent à cinq galons.

Nommé général. commandant la 4e brigade d'Infanterie, à Saint-Omer

Proposé pour officier de la Légion d'honneur (T 1906)

LOMBARDEAU, commandant.

Un exalté... Est réactionnaire et clérical.

Proposé pour officier de la Légion d'honneur (T 1906)

CONTE, commandant.

Ses relations de famille l'ont fait noter comme réactionnaire. C'est un tort. En réalité, le commandant Conte est républicain modéré et libre-penseur. Très aimé de ses hommes.

BARBOT, commandant.

Très fermé. A toutes ses relations dans le monde clérical et réactionnaire.

96e RÉGIMENT, à La Roche-sur-Yon

MUTEL, colonel.

Son attitude politique et philosophique, jusqu'à l'affaire du lieutenant Portier, a toujours été très correcte, et ses relations avec l'administration préfectorale et la municipalité étaient excellentes. Le colonel M... n'est pas clérical ; on ne l'a jamais vu assister à une cérémonie religieuse quelconque, et on a été très surpris de son attitude au sujet de l'affaire Portier ; il a dû subir une influence de certains officiers cléricaux et réactionnaires comme il y en a tant au 93e, qui ont réussi à l'apitoyer sur la situation de famille du lieutenant Portier.

En somme, dans notre ville, on regrette qu'il ait été déplacé et remplacé par M. d'Abzac.

Passé avec son grade au 124e régiment, à Laval et proposé pour officier de la Légion d'honneur

100e RÉGIMENT, à Narbonne

MARMET, colonel.

Opinions politiques rétrogrades. Réactionnaire notoirement hostile à toute idée libérale. Esprit foncièrement clérical et dans le sens militant. Est entièrement dans la main du clergé, où il puise ses relations. Prend le mot d'ordre chez les cléricaux et au Cercle catholique, malgré les ordres donnés, pour faire les nominations des caporaux et des sous-officiers.

Accorde toutes les faveurs possibles aux officiers réactionnaires et cléricaux, au détriment des autres officiers républicains et libres penseurs, qu'il n'hésite pas à faire surveiller.

A la réputation d'un assez bon manœuvrier.

Ne se rend pas compte de l'exécution des ordres qu'il donne et de la fatigue imposée aux hommes ; cet officier supérieur partage son temps entre l'église qu'il fréquente et son bureau.

Santé ruinée par le jeûne et l'abstinence.

Il serait regrettable que ce colonel fût porté sur le tableau d'avancement au choix pour le grade de général et prît ainsi la place d'un officier possédant les qualités supérieures et ayant des opinions politiques républicaines.

DEGLAND, commandant.

Clérical, caractère faux. Opinions hostiles à la République.

Très souple devant ses supérieurs ; sa fierté à l'égard de ses inférieurs va jusqu'à la grossièreté ; n'hésiterait pas à briser la carrière d'un inférieur pour faire plaisir au colonel.

A toutes ses relations dans le monde réactionnaire. N'a pas hésité, pour la fête du régiment, magré l'opposition ferme d'un lieutenant du régiment, à porter une messe sur le programme de la fête, en donnant pour raison : le colonel y tient.

Cet officier, d'une très médiocre valeur militaire, doit être très bien noté du colonel, professant tous deux les mêmes opinions politiques.

En retraite

MAUREL, commandant.

Caractère et tempérament foncièrement jésuites ; clérical et réactionnaire.

Obséquieux devant ses supérieurs, n'admet pas l'opinion des inférieurs. Fier à l'égard de ces derniers.

Type parfait de la brute. Marié dans le département de l'Ariège à une femme issue de famille extrêmement cléricale. N'est pas connu au point de vue militaire, n'ayant encore au régiment aucune unité dans son commandement. Est au cadre complémentaire.

POUDEVIGNE, commandant.

Caractère flottant. Subirait l'opinion ou l'influence de toute individualité susceptible d'être élevée ou d'amoindrir une gêne peut-être pécunière. Réactionnaire et très probablement clérical. A quelques qualités militaires, s'occupe de son bataillon, est assez vigoureux.

En retraite

THIEBAUT, commandant.

Très clérical. Réactionnaire militant. Esprit dépourvu de droiture. Tempérament essentiellement jésuitique. Relations dans le monde réactionnaire.

Officier d'une valeur militaire plus que médiocre. Est incapable de tout service pénible à la tête de sa troupe, détient une place d'officier supérieur sans rendre aucun des services que comporte une telle situation. Santé ruinée.

En retraite
Proposé pour officier de la Légion d'honneur
(T 1906)

PORTE, commandant.

S'est toujours révélé esprit rétrograde et foncièrement clérical, mais non pratiquant. Réactionnaire irréductible, a toutes ses relations dans le camp royaliste, et bonapartiste. Originaire de Gruissan (Aude), où habite sa famille. Fait, depuis sa mise à la retraite, de la politique réactionnaire militante. Atteint de surdité, n'a pu exercer le commandement d'un bataillon. A exercé les fonctions de major au 100e.

A étouffé, en l'absence du colonel, une certaine histoire ayant trait au livret d'ordinaire et à l'administration (soldat ordonnance porté présent aux manœuvres de division de 1903 sur les situations administratives, alors que ce militaire était à Narbonne, et touchait les indemnités accordées aux troupes en marche). Fait relevé par un journal quotidien, *le Petit Méridional.*

Il serait regrettable que cet officier supérieur retraité fut proposé pour un avancement dans la réserve de la territoriale ou dans l'ordre national de la Légion d'honneur.

En retraite

101e RÉGIMENT, à Dreux et Paris

De CHILLY, lieutenant-colonel.

Réactionnaire, clérical acharné ; a des accointances suivies avec les jésuites ; sera impitoyable pour les officiers républicains, s'il devient colonel.

Nommé officier de la Légion d'honneur

D'HERAIL de BRISIS, chef de bataillon.

Sort des rangs, mais pratique l'esprit de caste d'une façon très caractérisée. Issu d'une famille très réactionnaire. A conservé une hostilité très furieuse pour le gouvernement républicain. Professe publiquement des sympathies profondes pour le monde clérical et surtout pour les congrégations ; mais comme, avant tout, il tient à arriver ; fait, depuis quelques temps, des visites au monde républicain. Fréquente les salons du ministre de la guerre, mais dit pis que pendre de lui dans les milieux militoires. Manque de franchise et de loyauté.

Dangereux pour la République.

103e RÉGIMENT, à Paris

BUISSON d'ARMANDY, colonel.

Très intelligent et trop adroit pour laisser passer

exactement ses sentiments. Très sceptique sur toutes espèces de choses ; prend volontiers par parti-pris le contre-pied de tout ce qu'on lui dit ; esprit paradoxal.

Sa façon d'agir, ses relations de famille (marié avec Mlle Barbe, fille de l'ancien ministre de l'agriculture), la manière bienveillante dont il commande son régiment peuvent le faire taxer comme très large et très libéral dans ses idées.

Promu officier de la Légion d'honneur

MERCIER-DESPONTEILLES, commandant.

Paraît assez sincèrement républicain et oblige les commandants de compagnie sous ses ordres à s'intéresser à l'éducation de leurs hommes. A organisé dans son rayon une série de conférences sociales et civiques faites par un officier à tous les gradés du bataillon.

Caractère très violent. Son attitude à l'égard de ses subordonnés, quel que soit leur grade, n'est pas toujours en rapport avec ses principes.

Pourrait bien souvent faire ses observations sur un ton moins grossier, et ne se rend pas toujours compte exactement de la fatigue qu'il impose à ses subordonnés par ses exigences.

Détaché à l'Ecole spéciale militaire

GANGLOFF, commandant.

Clérical et nationaliste ; a engagé un capitaine du régiment à faire auprès d'un sous-officier désirant se marier civilement une démarche dans le but de le faire changer d'idée ; chargé, depuis deux ans, de faire subir les examens d'entrée à Saint-Maixent ; à surveiller.

Proposé pour lieutenant-colonel (T 1906)

LEPETIT, lieutenant.

Nationaliste militant. Ne perd aucune occasion d'affirmer publiquement son mépris pour le gouvernement ; ne se lasse pas de proférer des paroles injurieuses à l'égard des membres du gouvernement ; candidat à l'Ecole de guerre ; espère bien passer au choix ; très dangereux.

BEAUGRAND, lieutenant.

Nationaliste militant ; ne perd aucune occasion d'affirmer publiquement son mépris pour le gouvernement ni de proférer des injures à l'adresse des membres du gouvernement.

Candidat à l'Ecole de guerre ; espère en son temps être au tableau d'avancement ; très dangereux.

LEGRAND, lieutenant.

Clérical et nationaliste militant ; ennemi juré du gouvernement ; possède quelque fortune ; affirme nettement des principes de bourgeois capitaliste ; ne trouve pas, en principe, l'ouvrier intéressant ; estime que la République c'est la banqueroute. Très ambitieux ; cherche à être nommé instructeur à Saint-Maixent (nomination à éviter). Très dangereux.

THIEBAUD, lieutenant.

Clérical et nationaliste militant ; s'est mis à la remorque de camarades plus anciens et fait chorus avec eux pour dénigrer et injurier les membres du gouvernement. Encore très jeune, mais sera très dangereux quand il aura pris un peu d'ancienneté.

104e RÉGIMENT, à Argentan et Paris

POLINE, colonel.

Ne se livrant pas, on a toujours lieu de se méfier.

Promu officier de la Légion d'honneur

DESTENAVE, lieutenant-colonel.

Républicain. Arriviste. On ne peut compter sur lui.

En retraite

GIRARD, lieutenant-colonel.

(La fiche du lieutenant-colonel Girard commence par une diffamation).

Clérical. Enrayer son avancement.

Proposé pour colonel (T 1905)

CHARRIER, commandant.

Sort des sapeurs-pompiers, voudrait y retourner ; affecte des sentiments républicains ; on le dit peu sûr ; on ne peut compter sur lui.

BACHELARD, commandant.

Assez actif, intrigant, autoritaire, inquiet, égoïste. Ne sait trop quel chemin suivre. A Argentan, allait assidûment à la messe de midi avec Mme Bachelard ; se dit de famille républicaine ; ses parents, à Rochefort, ont, paraît-il, combattu l'empire ; depuis le ministère Combes, a évolué ; crie partout qu'il est républicain ; a confirmé par des actes ses paroles : à surveiller. Cèdera toujours au torrent.

Proposé pour lieutenant-colonel (T 1905)

MAQUARD, commandant.

Aucune valeur militaire. Hâbleur ; on ne peut compter sur lui.

Proposé pour officier de la Légion d'honneur

CAILLEUX, commandant.

Officier nul. N'a pris part, depuis deux ans, à aucune manœuvre, sous prétexte de maladie. On ne devrait pas maintenir à la tête d'un bataillon un officier d'une incompétence aussi notoire. Se laisse conduire par un lieutenant arriviste, dont l'influence est néfaste, non seulement au bataillon, mais à ses camarades, par suite de potins qu'il fait courir sur leur compte.

106e RÉGIMENT, à Châlons-sur-Saône

VONDERSCHERR, colonel.

Au point de vue politique, il a toujours eu une attitude très correcte. Sans osentation ni sans fausse honte, il laisse deviner ses sentiments politiques, qui sont en parfait accord avec nos institutions.

Nommé général commandant la 26e brigade d'infanterie, à Chaumont

AUBLIN, commandant.
M. A... habite actuellement Châlons ; il fréquente les milieux réactionnaires, reçoit les ecclésiastiques, et recherche la société d'officiers pratiquant le jésuitisme, qu'il pratique lui-même d'ailleurs.

108e RÉGIMENT, à Bergerac

De MONTMARIN, colonel.
Clérical, antirépublicain, ne se gêne pas pour dire du mal du général André ; très dur pour deux ou trois (rares) officiers accusés de...libéralisme. Détesté *à Bergerac*. Gravement accusé de manque de prévoyance dans la mort de trois hommes de son régiment pendant une marche. Avancement impossible en ce moment, surtout au lendemain de ce cruel accident.

Colonel de réserve

GUIGNET, commandant.
Bavarde constamment sur l'affaire Dreyfus.

En non activité par retrait d'emploi

ETIENNE, commandant.
Enigmatique, impression plutôt favorable.

LATOUR d'AFFAURE, commandant.
Très mauvais, réactionnaire, aristocrate.

BESSIERES, commandant.
Clérical et réactionnaire.

De RODELLEC de PORZIC, commandant.
Très mauvais, hypocrite, clérical.

En retraite

LARROQUE, commandant.
Réactionnaire non militant.

109e RÉGIMENT, à Remiremont

DARBEFEUILLE, commandant.
Déséquilibré. Clérical. Antirépublicain, mais pas responsable et à moitié fou.

112e RÉGIMENT, à Antibes et Nice

PAUDIERE, commandant.
Manifeste dans toutes les circonstances sa haine du ministère, donc nationaliste.

113e RÉGIMENT, à Blois

NICOLAS, colonel.
Grand et bel homme, absolument fermé à toutes relations civiles. Passe pour avoir une grosse fortune. Ne fréquente personne, si ce n'est quelques vieilles familles de noblesse les plus fameuses et du royalisme le plus pur. S'est bien gardé de rendre visite aux représentants du parti républicain ; il les ignore. C'est un personnage correct, le son de sa voix est à tous inconnu et on attend toujours qu'il fasse, comme ses prédécesseurs, les premières démarches de simple politesse vis-à-vis des fonctionnaires républicains.
En résumé, il reste un inconnu.

Nommé général, commandant le 6e brigade d'Infanterie. à Beauvais

GAILLOT, lieutenant-colonel.

Fanatisme religieux intense.

Vient d'être nommé colonel au 62e, croit-on ; avait ici pour surnom « Goupillon ».

C'est un moine habillé en soldat.

Nommé Colonel, commandant le 62e régiment, à Lorient

115e RÉGIMENT, à Mamers

HOTZ, colonel.

Honnête et bienveillant. Aimé de la plupart de ses officiers, estimé de tous.

Actif, vigoureux, intelligent. Depuis qu'il commande le 115e, parait s'être rallié aux idées républicaines.

Cependant, lorsqu'il était lieutenant-colonel à Tours, le préfet de ce département aurait donné sur son compte, au point de vue politique, des renseignements défavorables.

Religieux, mais évite toute manifestation qui pourrait paraître faire de l'opposition aux idées gouvernementales actuelles.

Proposé pour officier de la Légion d'honneur (T 1905)

BOUTAN, colonel.

Clérical et réactionnaire.

117e RÉGIMENT, au Mans

BARRES, colonel.

Est républicain et tient bien son régiment. A son arrivée au Mans, il a été très circonspect dans ses relations avec le civil, et on sait qu'il a déclaré qu'il ne voulait en avoir qu'avec des républicains ; c'est un grand chasseur ; il a refusé des invitations faites par des réactionnaires, et en a accepté d'autres faites par des républicains.

BERTRAND, lieutenant-colonel.
N'est pas républicain, mais n'est pas militant.

En retraite

LAGRENEE, lieutenant-colonel.
Clérical, réactionnaire.

TOURTEBATTE, commandant.
Clérical très réactionnaire. Médiocre officier.

Nommé lieutenant-colonel au 124e régiment à Laval

MASSON, commandant.
Clérical, réactionnaire, mais devient moins militant.

Proposé pour officier de la Légion d'honneur (T 1906)

En retraite

118e RÉGIMENT, à Quimper

De FLOTTE, commandant.
Ardent et profond réactionnaire. Professe l'esprit de caste d'une façon exagérée. Adversaire résolu de toute idée démocratique. Hait le gouvernement actuel et n'agit que sous les influences et les inspirations des cléricaux, dont il est le fervent disciple. Dangereux pour les institutions républicaines.

119e RÉGIMENT, à Lisieux

BARRY, colonel.

Réactionnaire. Clérical protestant militant. Dangereux pour la République. Faux.

LANREZAC, colonel.

Violemment antisémite lorsqu'il était capitaine à Tunis ; il disait alors qu'il mangeait un juif à chaque repas.

En 1899-1900-1901, il était à l'Ecole de guerre, où il était professeur, le centre de la propagande anti-dreyfusarde, cléricale et anti-ministérielle ; après chaque conférence, il gardait près de lui les fidèles et les ambitieux (presque toute la promotion d'ailleurs) et se livrait à de violentes attaques contre M. Waldeck-Rousseau et les autres ministres ; pendant les voyages de l'Ecole de guerre, il avait la même attitude.

C'est cependant la recommandation de M. W.-R. qui lui valut, dit-on, sa nomination rapide au grade de colonel ; une sœur ou un proche parent de M. Lanrezac aurait été institutrice dans la famille de Mme W.-R.

Actuellement le colonel Lanrezac se dit républicain, mais il est sournoisement hostile aux officiers républicains de son régiment, qu'il note mal et qu'il essaie de tourner en ridicule ; au fond, il est impérialiste et rêve d'un 18 Brumaire qui lui assurerait, croit-il, une situation en rapport avec la valeur qu'il se donne volontiers.

Sa fille a été élevée à Paris, au couvent aristocratique de Notre-Dame-de-Sion ; elle y était boursière. Elle a fini ses études dans cet établissement, il y a trois ou quatre ans, mais elle continue à s'y rendre fréquemment, et elle suit assidûment les retraites organisées par les religieuses, entre autres la retraite de persévérance qui a lieu chaque année dans la semaine qui précède Pâques.

Le colonel Lanrezac dit fréquemment que sa fille a su se faire de très belles relations dans les meilleures familles du Faubourg St.-Germain ; qu'il regrette de ne pouvoir les fréquenter personnellement.

Si le colonel Lanrezac est souple d'échine vis-à-vis de ses chefs, et aussi prudent que sournois à l'égard des officiers républicains, il est, en revanche, d'une grossièreté et d'une violence sans égales, lorsqu'il est à peu près sûr d'être le plus fort.

Créole, homme dangereux, intempérant de langage, ancien professeur d'histoire à l'Ecole supérieure de guerre où il a été coté.

Se dit républicain, mais ne l'est certainement pas dans la véritable acception du mot. Il y a lieu de s'en méfier. Ne peut avoir qu'une fâcheuse influence sur son régiment.

De ses deux chefs de bataillon, l'un d'eux, Chapan, s'est présenté à une loge tout récemment et a été très justement refusé. L'autre, Vernet, incolore.

Nommé général de brigade

120e RÉGIMENT, à Saint-Denis et Péronne

D'AURELLES de MONTMARIN, lieutenant-colonel.

Tout ce qu'il y a de plus clérical militant ; encourage les patronages catholiques, va à la messe, reçoit le curé-doyen à sa table ; représente la culotte de peau réactionnaire.

DUROY, commandant.

Inconnu au point de vue religieux ; n'a pas d'opinion politique, n'ayant probablement jamais réfléchi à ce sujet et ayant passé la plus grande partie de son existence à obéir servilement.

Est de ceux qui ont toujours l'opinion de leurs supérieurs hiérarchiques et immédiats. Ne semble pas très intelligent.

Promu officier de la Légion d'honneur

BOULÉ, commandant.

Indifférent en matière religieuse, ne pratique pas. En politique, semble être un républicain et avoir des idées démocratiques, mais on ne peut affirmer s'il est bien sincère, car il n'a pas un caractère franc.

Parle beaucoup et aime à se vanter.

121e RÉGIMENT, à Clermont-Ferrand

NERAUD, colonel.

On dit de lui qu'il est un brave homme, mais clérical avec ostentation. Ne manque pas la messe tous les dimanches, dans la paroisse de Saint-Pierre-les-Minimes, où il est considéré pour son bel exemple. Il y va en tenue, avec un gros livre sous le bras. A la sortie, se promène devant l'église avec les curés et les marguilliers. S'abstient de dire dans les salons où il fréquente, quoi que ce soit du gouvernement. Est assez aimé de tous ses officiers, sans distinction d'opinions.

Se noie dans les détails et dans les pratiques religieuses ; ne manque jamais de battre en brèche les réformes du ministre.

DUPUIS, lieutenant-colonel.

Ancien aristocrate, ancien officier d'ordonnance de Grizot, la foi républicaine l'a touché, mais insuffisamment, car il se croit obligé de s'excuser devant ses officiers quand il va faire une visite au maire socialiste de Montluçon. Quant il reçoit la croix de la Légion d'honneur, « il ne sait pas pourquoi il est nommé avant son tour ; par ces temps bizarres, rien n'est régulier ».

Esprit étroit, méticuleux, paperassier ; sans valeur sur le terain

Nommé colonel, commandant le 23e Régiment à Bourg

AUBERT, commandant.

Passe son temps à dire du mal du ministre et de ces « cochons de républicains ».

Officier d'intelligence moyenne, quoique breveté ; sans raisonnement ; clérical notoire ; ne rate pas un office religieux, et fait même une certaine propagande ; a appuyé un sous-officier qui allait à la messe, et a contribué à le faire nommer adjudant cinq ans avant son tour. Réactionnaire ; a pris nettement parti contre le gouvernement républicain, lors des incidents Tournier ; déclarait qu'il était indigné de la façon dont on avait traité ce général insubordonné. Etant au camp, allait annoncer à haute voix l'heure de la messe aux sous-officiers et soldats sur le champ de tir.

S'est trouvé sous le coup de poursuites pour location d'immeubles lui appartenant à des congréganistes non autorisés.

Passé avec son grade au 98e régiment à Lyon

LETANG, commandant.

Sentiments politiques et philosophiques excellents ; a une nombreuse famille (13 enfants), qui partagent absolument sa manière de voir. Très anti-clérical et républicain très avancé ; travaille beaucoup et correspond avec les journaux la *Lanterne*, l'*Action*, l'*Aurore*, le *Radical*, etc. Brave homme, honnête et droit, qui se fait un tracas continuel de voir ses collègues de l'armée aussi jésuites, aussi cléricaux et réactionnaires ; est bon envers tous et protège beaucoup les sous-officiers qu'il sait persécutés par leurs chefs réactionnaires, à cause de leurs sentiments républicains. Deux de ses fils sont dans l'armée : l'aîné est officier de cavalerie ; le cadet est à l'Ecole polytechnique. Tous ses enfants ne sont pas baptisés et vont aux écoles laïques de la ville. Il ne cache pas ses opinions, et est très souvent pris à partie par les journaux de la réaction.

En retraite

122e RÉGIMENT, à Montpellier

MERCIER, colonel.

Pas de fréquentations caractéristiques. Considéré comme loyal soldat, ne manifestant pour le moment aucune opinion politique. Est qualifié de... (*Une injure*).

En retraite

BOUYSSOU, commandant.

S'accomode du présent, mais verrait certainement avec plaisir le nationalisme triompher.

Passé avec son grade au 12e régt, à Perpignan

CHARLES, commandant.

Célibataire ; se produisant dans tous les milieux, surtout celui réactionnaire. Aucun fait particulier à lui reprocher.

124e RÉGIMENT, à Laval

BARDIN, commandant.

A quitté le 124e pour un autre régiment, avec le même grade ; ses sentiments étaient peu connus. Se produisant un peu dans les milieux réactionnaires.

125e RÉGIMENT, à Poitiers

BAUGILLOT, colonel.

Beau-frère de M. Cazeneuve, député républicain radical du Rhône, président du conseil général du Rhône depuis 1901. Républicain ; il est d'un caractère ouvert et sympathique.

Il m'a fait, en janvier 1902, lors des réceptions du 1er janvier, en présence des officiers de tout son régiment, des déclarations franchement républicaines ; mais il a eu le tort, à la rentrée des classes du lycée de Poitiers, en octobre 1902, de retirer son fils de cet établissement laïque pour le placer chez les Frères de la Doctrine chrétienne, sous prétexte que le proviseur voulait faire doubler une classe à son fils qui avait subi un mauvais examen.

Comme j'ai de l'estime pour le colonel Baugillot,

je ne lui cachai pas que je désapprouvais sa conduite. Environ un mois après mes observations, vers le milieu de février 1903, il retira son fils de l'école congréganiste pour le placer de nouveau au lycée de Poitiers.

Proposé pour officier de la Légion d'honneur (T 1906)

De BOUILHAC, lieutenant-colonel.

Réactionnaire, clérical. Ancien élève des Jésuites.

Réactionnaire, clérical et très militant ; est au tableau d'avancement. Mérite d'en être enlevé. Tient les plus inconvenants propos contre le gouvernement et surtout contre le ministre de la guerre. Ne ferait qu'augmenter le nombre des colonels, déjà malheureusement trop grand, profondément hostiles à la République. Est d'une partialité notoire en faveur des officiers jésuites, et tient rigueur à ceux ayant seulement des tendances libérales.

En retraite

De CADOUDAL, commandant.

Clérical. Réactionnaire. Fanatique très dangereux. Faux ; chef de parti ; a ses enfants chez les jésuites.

126e RÉGIMENT, à Toulouse

De la BROUSSE de TEYRAZET, colonel.

Les sous-officiers savent très bien qu'ils n'auront d'avancement que s'ils vont à la messe. Un sergent rengagé disait qu'il n'ariverait jamais à être adjudant, parce qu'il ne savait pas faire le cafard. Pour tant il est très intelligent ; mais il est républicain, et on le sait. C'est une tare qu'on ne lui pardonne pas. Il a des aboutissants auprès de M. Delcassé ; mais il n'ose se faire recommander par lui, cette recommandation d'un ministre républicain pourrait lui être nuisible ;

2° Le colonel a fait paraître un ordre du jour défendant aux soldats, sous peine de quinze jours de prison, de lire des journaux dans la caserne. Cet ordre du jour paraît très légitime. Les soldats ne doivent pas faire de la politique. Mais, si l'on considère que les soldats ne lisent que la *Dépêche*, on comprendra que M. le colonel, qui ne lit que *l'Express du Midi*, ne peut pas admettre la lecture d'un journal républicain ;

3° La bibliothèque des sous-officiers contient des œuvres de M. Emile Zola. Ces œuvres ont disparu. Certains sous-officiers s'en plaignent tout bas. Où sont-elles passées ? On a sans doute peur que nos sous-officiers pensent que M. Zola est un penseur que le colonel redoute.

Le colonel de Labrousse est un jésuite du Tiers-Ordre, plus jésuite que les jésuites dont il allait prendre les ordres tous les jours à la rue des Fleurs, avant leur dispersion deux par deux en ville. Peut-être en loge-t-il deux chez lui en ce moment.

Il ne peut pas voir les officiers républicains, surtout le capitaine S..., qui lui a été signalé comme franc-maçon et dreyfusard.

Se couvrant toujours jésuitiquement du prétexte militaire, il cherche à lui faire une vie impossible pour l'amener à quitter le régiment, ou, par ses notes, à le faire partir par mesure d'office.

Il ne veut dans le régiment que des hommes bien nés ou bien pensants comme lui.

Un des plus grands griefs qu'il a contre ce capitaine, c'est que, seul de son régiment, il a sa jeune fille au lycée de jeunes filles de Toulouse ; ce crime est impardonnable.

L'année dernière, par ses notes, il a fait mettre à la retraite d'office un commandant, M. Mortet. On disait que c'était parce qu'il avait sa fille au lycée.

Il a poursuivi de sa rancune dernièrement un soldat, Liabeuf, parce qu'il avait été recommandé au ministre par M. Trarieux. Ce soldat était à la compagnie du capitaine S... Il l'a fait immédiatement changer de compagnie. Heureusement pour ce soldat que le ministre l'a fait changer de régiment et l'a placé au 83e.

Il a été également la cause, par une sévérité outrée et déplacée, de la désertion d'un soldat, le nommé

Barthès. Celui-là aussi avait encouru ses foudres parce qu'il tenait de près à quelques membres de la municipalité radicale-socialiste, qu'il ne peut pas voir. Ce soldat lui avait cependant été signalé par le capitaine S... comme très faible de caractère et même irresponsable.

Il favorise par son attitude l'expression bruyante devant lui, par des officiers titrés ou élèves du Caousou, de leur mépris du gouvernement actuel, gouvernement dont ils acceptent cependant le traitement, comme lui, pour mieux l'étrangler au moment favorable.

Pour lui, ces officiers-là sont susceptibles d'avancement, et, seuls, ont ce qu'il faut pour occuper les grades supérieurs. Les premiers en ligne cette année sont les *hurleurs* du Cercle militaire de Toulouse au moment de l'affaire Dreyfus, les amis de Roget et du marquis de Châteaubourg, son lieutenant-colonel ; le capitaine de Soos, cousin ou neveu du père jésuite d'Adhémar, le chef des jésuites de la rue des Fleurs, d'aures élèves des Jésuites, et un qui, cependant, devait être républicain, devant son avancement à son oncle, M. Canton, et qui s'est mis de la bande, Guillamat.

Quant au capitaine S..., il n'y a pas de défaut qu'on ne puisse lui imputer. Il ne peut pas faire un officier supérieur. Il manque d'énergie, il n'est pas assez brillant, il n'achète pas de chevaux pur-sang, etc., etc. On s'arrange de façon à ce qu'il dirige le moins possible de manœuvres, mettant au contraire toujours en évidence les élèves de Gésu.

Si, parfois, il commande une manœuvre, l'ordre secret est donné de l'empêcher de la mener à bien, ce que même des soldats ont compris. Ce sont alors des interventions calculées de lieutenant-colonel, de chef de bataillon, qui ont pour but de tout brouiller et de tout troubler, ce qui, malgré leur grand désir et tous leurs efforts, ne se produit pas toujours, à leur grand désespoir.

Raconter toutes les petites vilenies auxquelles ils s'abaissent pour le diminuer, et tous les coups d'épingle qu'ils veulent lui infliger serait trop long.

En principe, par ordre du colonel de Labrousse, tout ce que fait le capitaine S... est violemment critiqué, tout ce qu'il demande est refusé. Toutes les fois qu'il a demandé qu'un soldat soit placé à sa compagnie, il a été placé dans une autre.

Dernièrement, le capitaine S... avait une permission de quinze jours. Au bout de trois jours, il a reçu l'ordre du colonel de rentrer immédiatement au corps, sous prétexte qu'il devait y avoir deux capitaines présents au bataillon. Il y avait deux autres capitaines du bataillon absents, mais ceux-là étaient du Gésu, il ne les a pas fait rentrer.

Afin de le disqualifier, sachant que les postes de comptable sont mal vus dans les régiments, et pour rendre sa proposition pour l'avancement impossible, il le propose tous les ans pour capitaine d'habillement (c'est un aimable ironiste).

Cette proposition a aussi un autre but, c'est d'enlever un commandement actif à un capitaine républicain, afin de l'empêcher d'exercer son action libérale sur les nombreux soldats et réservistes qu'il peut avoir sous ses ordres pendant l'année.

Ce qui le rend le plus furieux, paraît-il, c'est d'entendre dire en ville que la compagnie du capitaine S... est la meilleure du régiment. Cela le désole, et il fait tout ce qu'il peut dans sa sphère d'action pour détruire cette réputation.

Les lieutenants-colonels, jésuites aussi, et les commandants ont le mot d'ordre. Il faut traiter l'homme du bâtiment, ainsi qu'ils appellent entre eux les F.·. M.·., jésuitiquement, à cause des risques possibles, mais en sous-main faire bloc ensemble pour l'empêcher de passer à tout prix.

Connaissant la fermeté de ses convictions, ils redoutent de le voir passer officier supérieur. Aussi cherchent-ils à le diminuer sans cesse aux yeux de tous ceux qui l'approchent ; ils en seront pour leurs frais et pour leur rage.

Chaque fois qu'un nouvel officier supérieur arrive au régiment, le capitaine S... lui est spécialement signalé. Le pauvre commandant Mortet lui-même, qui avait sa fille au lycée, dès son arrivée, lui montra un éloignement caractéristique. Il l'évitait comme un pestiféré, et affectait de rechercher la société des hommes du Gésu d'une façon très ostensible. Cette petite lâcheté ne lui a pas bien servi. On ne lui pardonnait pas d'avoir sa fille au lycée, et on le lui a bien montré. Sous prétexte de santé ou d'inaptitude, on l'a mis à la retraite d'office.

Ne trouvant pas dans les choses militaires assez d'éléments pour lui nuire, le colonel de Labrousse a cherché à lui confectionner un *dossier*. Ce colonel sort de l'état-major et l'on sait combien de ces messieurs s'entendent à confectionner un dossier. Il a cherché à trouver quelque chose dans sa famille. Les Pères Jésuites ont opéré chez son frère, avec lequel à ce moment il était en froid, et les Assomptionnistes de Saint-Cyprien ont opéré dans le faubourg qu'habitaient autrefois les parents. Au mépris des choses les plus respectables, la mémoire des parents morts, ils ont fait surgir, par le moyen d'un homme méprisable, prêt à tout pour de l'argent, une traite soi-disant impayée par les parents, *de vingt-cinq ans de date*, et établir une plainte au colonel à ce sujet. Il serait trop long de raconter la chose, il suffit de montrer les moyens que ces messieurs emploient pour salir quelqu'un, pour les faire juger. Bref, après les explications du capitaine S..., qui lui demandait cette plainte, le colonel a refusé disant qu'il voulait la garder. Il avait un dossier pour s'en servir au besoin, ce qu'il a dû déjà faire certainement pour motiver ses notes sur l'avancement. De la calomnie ! disait Loyola ! il en reste toujours quelque chose. Ils ne manquent pas d'appliquer les principes de leur chef.

Si cette plainte calomnieuse avait été faite pour un homme de Gésu, il y a beau temps qu'elle aurait disparu. Mais celle-là était cherchée, alors...

A titre de renseignements complémentaires, et pour montrer que les jésuites n'ont pas voulu que le régiment change de main et de direction depuis longtemps, il faut ajouter que, dès son arrivée au régiment, en 1894, le capitaine S... fut signalé comme terrible franc-maçon, et noté en conséquence par le lieutenant-colonel marquis de Châteaubourg, qui, tous les jours, disait que, s'il avait les francs-maçons sous la main, il les ferait tous fusiller. C'est pour cela que Roget le fit nommer colonel au moment de l'affaire Dreyfus, et placer près de Rennes, pour le cas sans doute où il aurait eu besoin d'un juge. Ce marquis de Châteaubourg, très bien noté d'ailleurs, est l'homme le plus... sectaire... *(Ici quelques injures et diffamations)*.

Il est facile de voir par les moyens qu'emploient les Jésuites et leurs dévoués serviteurs, comme le colonel de Labrousse, ce qu'un colonel de cette nature peut faire de son régiment.

Par son mode de pression, si on le laisse longtemps chef de ce régiment, il arrivera à en faire un groupe complètement réactionnaire et clérical, parce que tous les officiers n'ont pas la force de résistance nécessaire pour lutter.

Ce serait donc une véritable mesure de sûreté intérieure que de l'envoyer commander un régiment où il y aurait plus d'officiers républicains ou qui osent le dire, et de mettre ici, à sa place, un homme moins dévoué aux Révérends Pères, réellement dévoué aux institutions républicaines, et qui le prouve par des actes caractéristiques en ne maltraitant pas grégation.

Nota. — Pour ce colonel, ce poste de colonel est un poste de combat. La Congrégation le lui a fait donner pour cela. Il doit favoriser à tout prix les officiers de Gesu, et écraser les autres. (*Ad majorem Dei gloriam*). Il faut laisser passer le moins possible d'officiers républicains aux grades supérieurs et faire entrer au plus tôt le plus de loups possible dans la bergerie.

De **MORIN**, lieutenant-colonel.

Réactionaire à tous crins. Incapable au point de vue professionnel.

Conservateur.

Nommé colonel, commandant le 146e régiment, à Toul

AGUT, commandant.

Réactionnaire, clérical. (*Ici une diffamation*). Arriviste cependant.

A dans le nez les officiers sortis du rang.

Sera, cette année, le candidat officiel du 126e pour le grade de lieutenant-colonel. Type de l'arriviste. Manque de caractère, s'occupe cependant de son métier ; mais le faire arriver cette année serait le pousser trop vite. Au point de vue politique, penche du côté de la réaction.

Proposé lieutenant-colonel (T 1905)

NANTA, commandant.

Arriviste tant qu'il a cru son avancement possible.

Vient d'acheter une propriété près de Toulouse, où il compte prendre sa retraite, désigné à ne pas aller plus loin, et depuis cet achat, revenu à son premier amour, c'est-à-dire à la réaction, au cléricalisme et surtout à son colonel. (De Labrousse de Veynazet, commandant le Royal-languedocien), 126e d'infanterie.

Ne s'occupe guère de son métier. Animé de l'esprit de réaction le plus pur ; hypocrite ; avare, fait travailler sa propriété par des militaires. A écarter de tout avancement. A dans son bataillon deux officiers qu'il sait être libres penseurs, et les tracasse sans cesse pour plaire au colonel.

MOURIER de LALANDE, capitaine.

Officier réactionnaire, très protégé, à ce titre, par le colonel de La Brousse, qui le propose pour chef de bataillon. Très *myope* ; il y a lieu de le laisser passer à l'ancienneté.

De GARDEY SOOS, capitaine.

Parent du P. Dulac et, à ce titre, très protégé. Intelligent et, à ce titre encore, très dangereux. Affiche ses sentiments réactionnaires, et parle d'une revanche contre les républicains. A écarter de tout choix.

De MOLY, lieutenant.

Sera, cette année, le candidat du régiment pour le grade de capitaine. Officier réactionnaire, très militant ; affecte de ne pas saluer les officiers républicains. Avait deux évêques à son mariage, et a reçu la bénédiction papale par le télégramme. Fréquente l'archevêque de Toulouse. Est le gendre d'un député réactionnaire.

A écarter de tout choix et à surveiller, parce qu'il a des aboutissants puissants.

SANARENS, capitaine.

Officier intelligent, méritant ; républicain convaincu et de vieille date. Aimé de ses hommes et détesté de ses chefs, parce qu'il est républicain ; libre penseur et gendre de libre penseur.

Nommé lieutenant et capitaine au choix. La République et l'armée gagneraient à le voir proposé au choix pour chef de bataillon le plus promptement possible.

Ses chefs réactionnaires feront probablement leur possible pour l'en empêcher. Les républicains seraient heureux de le voir au tableau cette année-ci.

BUSCAIL, lieutenant.

Officier très intelligent, belle prestance ; fils d'instituteur républicain, libre penseur. A eu constamment à souffrir dans sa carrière militaire de ses idées républicaines. Très travailleur, il a occupé successivement les fonctions d'officier de détail, d'approvisionnement et de porte-drapeau, à l'entière satisfaction de ses chefs, qui n'ont pu lui dénier son mérite, malgré ses idées républicaines.

Le colonel de La Brousse, ayant appris qu'il est libre penseur, et voyant en lui un témoin de toutes les heures, le releva brutalement de ses fonctions de porte-drapeau. Il mérite d'être inscrit, cette année, au tableau. L'esprit du régiment, au moins parmi les officiers subalternes, gagnerait beaucoup à voir arriver le capitaine Sanarens et le lieutenant Buscail.

128e RÉGIMENT, à Saint-Denis et Abbeville

DENNERY, colonel.

Ne pratique aucune religion. Sans grande consistance et sans grande conviction politique. Entouré de républicains et surveillé, peut pratiquer un mouvement en avant, par absence de résistance. D'une grande bonhomie, susceptible de détermination intéressante.

SILHOL, lieutenant-colonel.

Protestant clérical, rigide et hautain. En politique, se tient sur une prudente réserve, mais laisse quelquefois percer son dégoût pour nos gouvernants. Affecte une grande amitié pour les officiers blasonnés de cavalerie, et un certain dédain pour les officiers sans particule. A empêché hypocritement les officiers républicains sous ses ordres de s'occuper de l'éducation morale du soldat, qu'il considère comme quantité négligeable.

Se dit républicain dans un certain milieu et auprès des républicains qui, par leur situation, peuvent lui servir. Dangereux pour les idées républicaines, parce qu'il est intelligent, habile et laisse volontiers ses subordonnés encourir la responsabilité qu'il ne prendra pas. Tempérament bilieux, aigri.

Nommé colonel, commandant le 158e régiment, à Lyon

PINET, commandant.

Semble assez indifférent en religion ; car il accompagne rarement sa femme à la messe. Son fils est élevé au collège ; ses filles ne suivent aucun cours et ne fréquentent aucun pensionnat.

En politique, absolument impénétrable. Se tient fermé à ce sujet, et ne parle pas.

Passé au 134e régiment, à Mâcon

THEVENEZ, commandant.

N'a pas de religion. A une grande difficulté de langage qui l'empêche de s'exprimer, et paraît, à cause de cela, un esprit un peu borné. Possède, au contraire, dans une apparence fruste, une grande habileté, qui le fera tourner du côté politique au pouvoir, non par ambition, mais pour n'avoir pas d'ennuis.

En conversation, semble être de l'avis de ceux avec qui il parle. En résumé, pas de grandes convictions. A quelquefois des intempérances de langage vis-à-vis des sous-officiers et soldats.

En retraite

BOUCHESEICHE, commandant.

Clérical, va à la messe tous les dimanches, soit

à Saint-Denis, soit à Paris (Eglise de la Madeleine). Ironique dans ses paroles vis-à-vis des hommes du gouvernement, des idées du jour, suivant son expression. Patriote à la façon du parti nationaliste. Essaie de retenir ses paroles, à cause de l'avancement.

Fréquente les civils, auxquels il fait bon visage, toujours à cause de l'avancement. Sous un dehors courtois, garde une haine concentrée et visible pour les officiers républicains ou que l'on croit tels.

Esprit peu cultivé, n'ayant aucune connaissance des questions sociales. A quelquefois des colères d'enfant. Fait des compliments à ceux dont il dit du mal par derrière.

Passé au 150e régiment, à Saint-Mihiel

129e RÉGIMENT, Le Havre-Dieppe

GRAND d'ESNON, colonel.

Première version

Appartient au culte protestant. Homme juste, dans la plus stricte acception du mot. Rendre justice à tous est pour lui un devoir primordial et ce sentiment est reconnu de tous ses subordonnés ; jamais une punition grave n'est prononcée au régiment sans une enquête sérieuse poursuivie par le colonel.

Sa protection est acquise aux faibles. Il adore ses soldats et les protège contre les taquineries de tous les gradés, quels qu'ils soient ; républicain, convaincu et libéral.

Homme de devoir, d'une dévorante activité et initié à tous les détails de la vie militaire.

Il est à souhaiter que notre République ne possède que d'aussi distingués serviteurs et d'aussi chauds défenseurs.

Seconde version

N'est pas très estimé des hommes, ni même des officiers. Chef de corps ambitieux, ne sachant pas ménager sa troupe, et lui imposant parfois des fatigues excessives sans tenir compte de la température. Protestant militant, se tient sur ses réserves, craignant des « histoires ». Serait cependant plus sûr que ses deux lieutenants-colonels.

Idées cléricales orthodoxes, suit les officiers du culte protestant. Comme politique, s'il s'est rallié, il n'en porte pas moins un nom à particule. Esprit particulariste et autoritaire.

Nommé colonel. Chef d'État-major du 3e corps
Promu officier de la Légion d'honneur

D'HARCOURT, lieutenant-colonel.

Excellent homme, malheureusement inféodé au goupillon.

Chrétien militant, a des attaches cléricales qui font de cet officier un homme sur lequel on ne pourrait compter sérieusement.

Peut donc être classé comme réactionnaire.

La philosophie du colonel d'Harcourt peut se définir en deux mots : celle des admirateurs de l'Eglise et du Pape.

Il est bien regrettable que les idées du lieutenant-colonel d'Harcourt soient rétrogrades et ultra-mondaines.

Nommé colonel, commandant le 51e, à Beauvais

ROCHE, commandant.

Le commandant Roche est un bon officier, affable et très paternel avec ses subordonnés. Ne causant jamais politique, il sait se contenter d'être soldat, c'est-à-dire obéissance aux lois et aux ordres. Il ne peut être suspecté de défection à un moment donné.

D'un esprit un peu lourd, d'une érudition peu élevée, la philosophie que professe le commandant Roche ne peut être métaphysique. C'est le brave homme sans opinions bien définies.

Soucieux de tenir son rang d'officier supérieur, le commandant Roche évite par conséquent les discussions philosophiques trop subtiles pour ses facultés.

Officier à classer dans la catégorie des non-suspects, ce qui, malheureusement, est excessivement rare dans le 129e.

Décédé

DUCHOQUET, commandant.

Officier sorti du rang. Promu au choix au grade de chef de bataillon ; aime à se montrer patelin devant les chefs ; n'a jamais critiqué un ordre, surtout quand son intérêt est en jeu. Intelligent, ne laisse pas trop voir ses opinions. Ayant appartenu à l'armée d'Afrique, le commandant Duchoquet en a rapporté son esprit libéral. On le croit enclin d'une philosophie positive et peu enclin au cléricalisme.

Sans fréquentations extérieures, le commandant Duchoquet peut être classé parmi les officiers républicains modérés.

BRETON, commandant.

Les opinions politiques du commandant Breton sont celles des arrivistes coûte que coûte. D'origine corse, le commandant Breton a en lui le tempérament qui fut tant remarqué chez l'homme à la redingote grise : ambition.

Il sut s'élever jusqu'à se marier avec la fille d'un général connu, croyant mieux arriver. Officier breveté. Très intelligent, marcherait sous tous les gouvernements, très certainement, et ce sans qu'on puisse l'en soupçonner, tellement il est prudent dans la conversation.

Toutefois ; cette prudence n'est pas encore assez voilée pour ne pas laisser percevoir la pensée de derrière la tête.

Le commandant Breton professe la philosophie de l'abbé Loisy, celle qui permet de se dégager sans s'amoindrir en haut lieu.

Par conséquent, peu de confiance en lui, suspect.

Du reste, accompagne sa femme à l'église et ne fréquente que la société bien *pensante*.

Nommé lieutenant-colonel au 7e régt, à Cahors

130e RÉGIMENT, à Paris

De NADAILLAC, lieutenant-colonel.

A dit à ses officiers, à l'apparition du nouveau règlement de manœuvres : « Il est bien entendu, messieurs, que ce règlement ne nous est pas parvenu ; nous ignorons qu'il existe ».

En retraite

131e RÉGIMENT, à Orléans

APPERT, lieutenant-colonel.

Militant, antidreyfusard ; réactionnaire non militant, clérical.

Nommé colonel, commandant le 90e régiment à Châteauroux

HUIN, lieutenant-colonel.

Le lieutenant-colonel Huin, en arrivant ici, fut jugé brave homme, pas très fort, mais rond et franc, et ce fut la première appréciation portée sur son compte par ceux qui eurent à exprimer un jugement sur lui.

Depuis, les opinions se sont sensiblement modifiées. Il est certain qu'il a l'esprit clérical, et ses relations se sont peu à peu modifiées vis-à-vis des personnalités qu'il ne savait pas encore très nettement républicaines, et qu'il a traitées de plus en plus froidement à mesure qu'il était mieux renseigné sur elles. Au moment du départ des congrégations, malgré tout, il était fort ému et ne pouvait pas arriver à cacher son émotion. Quelques officiers républicains du 131e ont à souffrir de lui, et il les tracasse volontiers, sous prétexte de service naturellement.

En conclusion, il faut se défier de cet officier, qui est extrêmement suspect, et avoir l'œil sur lui ; ne pas oublier qu'il est avec un chef absolument mauvais, le colonel d'Aboville, et qu'à eux deux ils peuvent faire de mauvaise besogne.

En retraite

Proposé pour officier de la légion d'honneur

De GINESTOUS, commandant.

Réactionnaire et esprit très étroit. Considère et dit

que la Révolution est un crime épouvantable. Officier clérical et sectaire.

En retraite

DESLANDES, commandant.

Nationaliste fervent, qui ne prend pas la peine de dissimuler ses sentiments. Clérical par-dessus le marché.

En retraite

MARTIAL, commandant.

Esprit étroit, a nettement pris parti au régiment pour le colonel d'Aboville, que le ministère a dû déplacer et envoyer en disgrâce à Tulle ; c'est un réactionnaire à tous les points de vue.

En retraite

DESCOINGS, commandant.

Esprit religieux catholique, pratiquant, parait convaincu. Libéral et tolérant. Bon homme, officier très correct.

Détaché à l'état-major de l'Armée
Officier d'ordonnance du Ministre de la guerre

POUMAYRAC, ex-capitaine au 131e de ligne.

Actuellement détaché au service géographique de l'armée, est actuellement au tableau d'avancement avec le n° 3 pour passer chef de bataillon. Ancien élève des congrégations, clérical militant, lecteur assidu de la *Libre Parole*.

Est l'agent des jésuites au service géographique pour nuire aux officiers républicains employés ou demandant à être employés à ce service.

Doit être retardé jusqu'à la dernière limite pour passer commandant.

132e RÉGIMENT, à Reims

GENY, colonel.
Républicain, anticlérical.
Nommé général de brigade, adjoint au commandant supérieur de la défense de Paris

D'IZARNY-GARGAS, commandant, mêmes régiment et garnison.
Rallié, ne fait rien contre le gouvernement.
Nommé lieutenant-colonel au corps

134e RÉGIMENT, à Mâcon et Dijon

TURCAS, colonel.
Clérical, tout comme le général et la plupart des autres officiers.

LEROY, commandant.
Doucereux, faisant le bon enfant et le libérâtre à ses heures. Toutes ses attaches et fréquentations sont cléricales et réactionnaires.
Pas franc d'allures. On ne peut pas avoir confiance.
Correct dans ses rapports avec ses subordonnés. Au demeurant, réactionnaire et clérical.

DERVIEU, commandant.
Réactionnaire, clérical.

Du PERRON de REVEL, commandant.
Clérical militant.
Clérical renforcé, fréquente couvents et processions.

PERRIN, commandant.
Réactionnaire, clérical.

VARLET, commandant.
Esprit clérical des plus militants et des plus dangereux. A, comme compatriote, surpris la bonne foi de M. Bérard, sous-secrétaire d'Etat, qui appuie sa promotion comme lieutenant-colonel, qu'on annonce prochaine.

C'est le dernier qui serait à indiquer au milieu de tant d'autres, et c'est lui qui va être promu. Le tollé est général parmi les officiers indépendants.

Nommé lieutenant-colonel au 137e régiment, à Fontenay-le-Comte

135e RÉGIMENT, à Angers

THUBERT, commandant.
Réactionnaire.

Nommé lieutenant-colonel au 1er régiment, à Cambrai

HOLLENDER, commandant.
Réactionnaire.

Nommé lieutenant-colonel, chef d'état-major à la division d'occupation de Tunisie

136e RÉGIMENT, à Saint-Lô et Cherbourg

SAINT-JAMES, colonel.
Ne passe pas pour un clérical. Très réservé et très renfermé. Opinions politiques difficiles à connaître. Se méfier.

Passé avec son grade au 58e, à Avignon

Le TERSEC, commandant.

Clérical renforcé ; fait instruire ses enfants chez les sœurs (Valognes), et les frères (Cherbourg), ne se cache aucunement pour dire tout le mal qu'il pense du gouvernement et de ses représentants. Homme violent, autoritaire, cassant, hautain et même grossier avec ses subordonnés. Cauteleux, bas et rampant avec ses chefs. Le type du parfait jésuite. Parait d'ailleurs très haut coté par la plupart des chefs qu'il sait empaumer. Détesté de ses inférieurs. *Pourrait être dangereux.* Aura deux années de grade de chef de bataillon en septembre prochain.

137e RÉGIMENT, à Fontenay-le-Comte

COUTURIER, colonel.

Ultra-militaire. Une brute.

Pas de sentiments d'humanité.

Nul ne méprise plus que lui le pékin et enrage de la suprématie du pouvoir civil.

Nommé général, commandant la 80e brigade d'infanterie à Saint-Mihiel

Promu officier de la Légion d'honneur

EBENER, lieutenant-colonel.

Ancien professeur à l'école de Saint-Cyr, où il a fait une conférence remarquée sur le rôle social de l'officier. Coté, parait-il, au ministère, comme officier de grande valeur. L'on fonde cetains espoirs sur lui.

Très réservé depuis son arrivée à Fontenay ; mais cette attitude, un peu trop prudente peut-être, a pu être dictée par celle de son colonel (un bonapartiste qui a été récemment nommé général de brigade à Toul, et qui, systématiquement, ne voulait aucun rapport avec l'élément civil). M. Ebener passe pour être républicain.

Il fait jouer dans tous les cas la *Marseillaise* par la musique lorsque le régiment traverse la ville, ce que M. Couturier avait défendu, sans doute pour punir les Fontenaisiens de ne pas partager ses opinions.

Proposé pour colonel (T 1906)
Officier d'ordonnance
du Président de la République

PETER et PAYEN de la GRANDERIE, commandants.

Tous deux aussi réactionnaires que cléricaux. C'est dire qu'ils ne serviront jamais de cœur un gouvernement réellement républicain, qu'ils le desserviront même, si cela leur est possible. Leur avancement doit être dû aux jésuites du haut commandement. L'arrêter. — Ils seraient dangereux, avec leur état d'esprit, à la tête d'un régiment.

KNOLL, commandant.

Fréquente quelques républicains, et affecte des idées libérales. Certains les croient sincères, d'autres craignent que ce ne soit un moyen d'arriver. Ce moyen (jusqu'à ces derniers temps tout au moins) ne paraissant pas être celui qui a donné des résultats, on ne voit pas pourquoi, dans ces conditions, bien connues de tous les officiers arrivistes ou non, M. Knoll lui aurait donné la préférence. On se range donc du côté de la sincérité, mais on prie de vérifier si les notes d'il y a dix ou quinze ans corrobent cette appréciation.

GROSSELIN, commandant.

Vit à l'écart et ne se laisse pas pénétrer. N'a pas accompli ici d'actes pouvant laisser deviner si ses tendances sont pour ou contre la République.

En retraite

URVOY de PORTZAMPARC.

Très réactionnaire.

HERMENT, commandant.
Mis à la retraite. Habite actuellement 101, rue de la Course, à Bordeaux. Réactionnaire, clérical.

138e RÉGIMENT, à Magnac-Laval

De CHATEAUBOURG, colonel.
Réactionnaire ; sa conduite privée l'a déjà fait envoyer à Bellac en disgrâce. Continue.

De VILLARET, lieutenant-colonel.
Ne passe pas pour républicain.
Sous-chef d'état-major, au 3e corps d'armée

PETITGERARD, commandant.
Absolument clérical et réactionnaire. Hostile à la République. Ayant, au mois de Juillet 1900, commandé à un jeune soldat de sauter d'un mur haut de 6m., celui-ci s'est cassé les deux jambes et est mort à l'heure actuelle. Ceci donne une idée de la mentalité du commandant Petitgérard.

Réactionnaire militant jadis, voudrait bien faire croire le contraire maintenant. Sans valeur militaire, car inintelligent ; sort du rang et voudrait profiter des bonnes dispositions du ministre pour les officiers de cette catégorie, mais a eu déjà sous les anciens régimes un avancement ridicule.

139e RÉGIMENT, à Aurillac

PARSEVAL, lieutenant-colonel.
Actuellement au 139e de ligne, à Aurillac ; anciennement chef de bataillon à Auxonne. Clérical militant très opposé au gouvernement actuel. S'est ren-

du ridicule au cantonnement de Fauverney (Côte-d'Or), en tombant à genoux au passage d'une procession. Le même jour, disait, au sujet de Dreyfus : « Si j'étais juge, je le condamnerais sans l'entendre ».

140e RÉGIMENT, à Grenoble

DALOZ, lieutenant-colonel.
Réactionnaire et clérical.

Nommé colonel au corps

141e RÉGIMENT, à Marseille

COUILLEAU, colonel.
Officier très actif et très vigoureux. Très brutal, avec le physique et les manières d'un maquignon. Esprit rétrograde, opposé à toute réforme. Fanatique de mouvements d'ordre serré, et particulièrement du maniement d'armes, exagérait les prescriptions de la théorie. Etait arrivé à avoir un régiment d'automates, ce qui lui valut les félicitations de M. le général Metzinger, commandant le corps d'armée.

A critiqué vivement l'apparition du nouveau règlement sur les manœuvres, et a réuni les officiers pour essayer de leur démontrer le disgracieux de certains mouvements.

Avait demandé son rapport à chaque officier sur la mise en expérience dudit règlement, et a fait dire très discrètement à un lieutenant, qui avait exprimé des idées contraires aux siennes, qu'il lui donnerait de mauvaises notes.

A réuni les officiers pour leur dire qu'il regrettait que, malgré son avis, le ministre ait cru bon de supprimer le maniement d'armes — qu'il considérait ce fait comme la mort de la discipline. « Cependant, a-t-il ajouté, il reste quelques mouvements, et ceux qui restent, nous les ferons bien ». Partant de ce principe, les hommes décomposent, saccadent même les mouvements que le règlement défend d'exécuter avec ensemble, sans se préoccuper du préjudice porté aux armes.

Une comparaison de certaines dégradations aux armes, entre tous les régiments du corps d'armée, justifierait cette assertion.

Depuis qu'il commande le 141e, fait décomposer le pas en quatre temps (manière allemande). La réflexion de M. le général Humbel, arrivant au quartier et voyant les hommes s'escrimer à ces mouvement ridicules, est à noter : « Je ne veux pas de ces mouvements qui font croire que chaque soldat a un bâton dans le derrière ».

Le mouvement ne se fait plus, mais le colonel n'a pas dit au général qu'il s'exécutait ainsi par son ordre.

Professe des opinions anti-républicaines. A une fille religieuse, laquelle est allée dans un couvent d'Italie, lors de la suppression des congrégations en France. A toujours chez lui un séminariste soldat comme précepteur de ses enfants. Un jeune homme, licencié ès-lettres à dix-neuf ans et bachelier en droit au moment où il allait être appelé pour son année de service, fit demander chez le colonel si on l'accepterait comme précepteur. Il lui fut répondu qu'on avait retenu un séminariste.

A reçu dernièrement une carte ainsi conçue de M. le président du Cercle bonapartiste de Marseille :

« J'ai l'honneur de vous recommander M: L..., ingénieur distingué. C'est un des nôtres ». (Sans commentaires).

A réuni, il y a deux mois, les officiers du régiment, et leur a tenu ce petit discours :

« J'ai une mission délicate à remplir (mieux vaudrait indélicate). J'ai appris que plusieurs régiments avaient pris l'initiative d'offrir un cadeau à Mlle Mathis, la fille de notre estimé général en chef, à l'occasion de son mariage avec M. le capitaine V...

« Pour mon compte, j'abandonne une demi-journée de solde ».

Comme le colonel a souvent dit : « *Les désirs d'un chef sont des ordres* », les versements ont atteint la somme rondelette de 212 francs. L'objet offert est une lampe de 174 francs ; le reste a servi à l'achat d'un bouquet. Il est à remarquer qu'aucun corps n'avait pris l'initiative dont parle le colonel, pas même le régiment dont fait partie le fiancé de Mlle Mathis.

L'opinion générale est que le colonel a voulu faire offrir par ses subordonnés un cadeau qu'il devait offrir de ses deniers, lui et sa famille ayant été très assidus aux réceptions du quartier général.

A dit dans une conversation : « Beaucoup d'officiers demandent à entrer dans la franc-maçonnerie. On en refuse tous les jours pour ne pas être envahi par l'élément militaire. Ceux qui se sont fourvoyés pourraient avoir à s'en plaindre, si le gouvernement changeait ».

Semble reprendre sa revanche en attendant que le gouvernement change. Certaines punitions, de certaines désignations arbitraires, pour des déplacements touchant des officiers qu'il croit être anti-cléricaux, tendraient à le prouver ; les mêmes officiers seront aussi sans doute notés en conséquence.

Il serait peut-être possible de noter encore certains faits : les ouvriers sapeurs travaillent en permanence gratuitement pour la maison du colonel ; les chiens du colonel consomment, pendant plusieurs mois, deux pains de munition par jour (actuellement ils sont remboursés jour par jour).

Mais tout cela n'est pas un acte d'accusation ; c'est un ensemble de faits aussi précis que possible, qui permettent de se faire une idée sur la valeur morale et militaire de l'officier. En résumé, M. Couilleau n'aurait jamais dû dépasser le grade de chef de bataillon.

En retraite

Promu officier de la légion d'honneur

CAMPER, lieutenant-colonel.

Très bon officier, estimé de la grande majorité. Froussard. N'ose pas parler au colonel ou ne l'aborde qu'avec crainte. Cela paraît être un grave défaut, capable de supprimer toute initiative.

A reçu une carte de M. le président du Cercle bonapartiste de Marseille, lui recommandant un des leurs.

Nommé colonel au corps

Promu officier de la légion d'honneur

RELUT, commandant.

Considéré comme bon homme pour les uns, comme méchant par d'autres. Il règne autour de lui une certaine équivoque. Une enquête serait facile à Salon.

En retraite

RENAULT, commandant.

Officier énergique, vigoureux, actif, très intelligent ; c'est sans doute à ses qualités unanimement appréciées et à la protection de M. le général Peigné qu'est dû son maintien au tableau d'avancement.

Il ne s'est jamais gêné pour exprimer ses idées sur ce sale gouvernement ; aussi sa surprise a été grande de se voir au tableau d'avancement.

Nommé lieutenant-colonel au 95e, régiment, à Bourges

PONS, commandant.

Pilate II. Se lavant les mains de tout ce qui n'intéresse pas sa petite personne ; capable d'abandonner ses subordonnés, lorsqu'il y a « tuile », en reniant les ordres qu'il leur a donnés.

Comptable médiocre. Usé, ne se fatigue plus depuis longtemps.

Clérical, quoique protestant. Anti-républicain.

En retraite

D'EXEA-DOUMERC, commandant.

Don Quichotte de France, a tout conquis, a tout inventé.

Avec cela, clérical et criant à tous les vents les sottises les plus bêtes sur le gouvernement et la façon dont nous sommes gouvernés.

Réactionnaire et clérical dangereux. Vaniteux ; ne fréquente que les cléricaux et les membres des missions. Adversaire irréductible de la République. A une aversion marquée pour le ministre de la guerre. A laisser chef de bataillon.

Décédé

D'OMEZON, chef de bataillon.
Même renseignement que pour le précédent (d'Exéa).

143e RÉGIMENT, à Albi

LEFEVRE, commandant.
Royaliste déclaré.
Clérical convaincu, quoique ne pratiquant pas.

144e RÉGIMENT. à Bordeaux

QUEVILLON, colonel.
Il est très difficile d'obtenir des renseignements sur les militaires, mais je sais qu'avec ce colonel les soldats, pour être bien notés et avoir des permissions, doivent aller à la messe. Cela dispense d'autre chose au point de vue philosophique. On dit qu'ayant demandé à un moment donné de l'avancement, on lui répondit que ses opinions religieuses exagérées s'y opposaient. Venant des bureaux, on peut apprécier la valeur de l'état d'âme de ce colonel.

Nommé général de brigade
Commandant supérieur de la défense
de Maubeuge

145e RÉGIMENT, à Maubeuge

ANNOCQUE, major,
A manqué sa vocation, serait bien placé et dans son rôle avec une soutane ; clérical ; ne connait que

cette note dominante, même pour ses inférieurs ; archidangereux ; triste sujet.

Hors cadre (recrutement)

146e RÉGIMENT, à Toul

WOIRHAYE, colonel.

Républicain radical, ministériel. Ne se gêne pas de le dire, ce qui le met en froid avec la majorité des officiers, qui sont presque tous cléricaux dans cette garnison.

Passé avec son grade au 135e régiment, à Angers

ENTZ, lieutenant-colonel.

Fait le républicain très modéré, mais ne manifeste pas beaucoup.

GAUTHIER, commandant.

Pas d'opinions ; douteux, ne dit rien.
4 juin 1904.

BEC, commandant.

Ne dit jamais rien ; passe pour être républicain très modéré.

ROPPER, commandant.

Pas d'opinions ; douteux ; ne dit rien.

THIRY, commandant.

Douteux ; plutôt réactionnaire.

FREY, commandant.

Ne dit pas grand'chose ; on le croit réactionnaire ; il faut le classer dans les douteux.

148e RÉGIMENT, à Givet

CANTON, colonel.

Attitude correcte. D'origine lorraine, toute la famille républicaine. Républicain.

Passé avec son grade au 106e régiment, à Chalons-sur-Marne

AUBRY, commandant.

Doit quitter Givet pour aller à Lille, à l'état-major. Clérical, fréquente le parti réactionnaire. Ses filles sont élevées dans les écoles congréganistes. Son fils aîné prend des leçons particulières à l'école primaire supérieure.

Officier clérical.

Sa fille en classe chez les sœurs. Sort *très peu.* Vit de la vie de famille. Ne paraît pas s'occuper de politique.

PROYE, commandant.

Relations exclusives avec tout ce que Givet compte de réactionnaires. Ses enfants sont élevés à l'école congréganiste.

149e RÉGIMENT, à Epinal

RŒDERER, colonel.

Suit à la lettre les ordres du gouvernement et les fait appliquer avec la plus grande énergie, d'une très grande honnêteté et intégrité, place ses troupiers sur le même pied, qu'ils soient juifs, catholiques ou protestants.

Nommé général de brigade
Gouverneur d'Épinal

DUPLESSIS, chef de bataillon.

Officier d'un grand mérite, protégé du général Robert, adjoint au gouverneur de Paris, marchera comme son colonel. N'est pas antisémite, républicain modéré.

Nommé lieutenant-colonel
au 35e régiment, à Belfort

FRISCH,

Douteux, ne fréquente pas l'église.

Commandant le 22e bataillon
de chasseurs à pied
Proposé pour officier de la Légion d'honneur
(T 1906)

MENVIELLE, chef de bataillon.

Nationaliste clérical, fréquente assidûment les offices.

CONSTANT, chef de bataillon.

Nationaliste clérical, fréquente les offices. Son fils à Saint-Joseph.

RENARD, capitaine.

Nationaliste clérical, fréquente assidûment les offices, deux enfants en bas âge.

De COUTARD, capitaine.

Ultra-réactionnaire, tout ce qu'il y a de plus clérical, va régulièrement à tous les offices, avec un missel énorme sous le bras, même en tenue ; adversaire acharné des institutions républicaines.

Hors cadre, état-major

EBERLE, capitaine.
Nationaliste clérical, est d'Epinal, à lui appliquer la circulaire.

POULET, capitaine.
Nationaliste clérical, fréquente les offices.

KRANTZ, capitaine.
Nationaliste, parent du fameux Krantz, alcoolique.

De SALINS GUYOT d'ASNIERES, capitaine.
Nationaliste ultra-clérical, enfants chez les Jésuites.

PARISELLE, capitaine.
N'a pas d'opinions connues.

PONSCARME.
Nationaliste clérical.

LEX, Capitaine.
Nationaliste clérical. Traite les membres du gouvernement de vaches.

DE BALAINCOURT, capitaine.
Jésuite incarné, enfants chez les Jésuites, voudrait qu'ils soient anglais par honte de ce qu'est la France. Nullité complète.

HUMBERT, capitaine.
Ancien maçon, rastaquouère, rien à compter sur lui.

ROUGET, capitaine.
Nationaliste clérical, a constamment des curés chez lui.

DE CHOISEUL, capitaine.
Clérical renforcé, royaliste intransigeant.

MORQUIN, Capitaine.
Nationaliste clérical, suit très régulièrement les offices même en semaine.

QUINET, capitaine.
Républicain, a son fils au collège d'Epinal.

LAGRUE, lieutenant.
Républicain modéré.

LIEBENGUTH, lieutenant.
Bon républicain.

BONTEMPS, lieutenant.
Nationaliste clérical.

GERBOUI, lieutenant.
Ultra-nationaliste clérical.

BREMOND, lieutenant.
Ultra-nationaliste, clérical, moralité déplorable.

DE SARS, lieutenant.
Ultra-nationaliste, clérical, nullité.

FLEURY, lieutenant.
Républicain modéré.

ROLLET, lieutenant.
Nationaliste clérical, très intelligent, serait dangereux.

GOUDOT, lieutenant.
Républicain.

D'INGUIMBERT, lieutenant.
Nationaliste clérical, dangereux.

GELIOT, lieutenant.
Nationaliste clérical, adversaire acharné du gouvernement.

DOILLON, lieutenant.
Clérical, nationaliste.

RIEDINGER, lieutenant.
Républicain modéré, suivra l'impulsion qui lui sera donnée.

RINGUIGER, lieutenant.
Nationaliste clérical, ivrogne.

DARRACQ, chef armurier.
Adversaire acharné du gouvernement, qu'il traite de crapule, fait le mouchard au régiment. A son fils chez les Saint-Joseph, le prépare pour Polytechnique. A ne pas ménager. A du reste droit à la retraite l'année prochaine.

150e RÉGIMENT, à Saint-Mihiel

COUTURIER, lieutenant-colonel.

Hypocrite, jésuite, réactionnaire, méchant et malveillant. Protège les séminaristes. Persécute les officiers républicains.

Promu officier de la légion d'honneur
Proposé pour colonel (T 1906)

151e RÉGIMENT, à Verdun

MOLINARD, colonel breveté.

Nationaliste, parle mal du gouvernement à la table des officiers supérieurs, au mess militaire.

Nommé général, commandant la 64e brigade d'infanterie, à Albi

ESTEVE, lieutenant-colonel.

Passe, dans sa ville de garnison, pour avoir des sentiments républicains.

M. le lieutenant-colonel E... est propriétaire à Pia (Pyrénées-Orientales) ; on désirerait savoir si, dans cette localité, ses sentiments politiques sont les mêmes que ceux qu'il laisse percer à Verdun.

C'est très important et urgent.

Réponse :

A Pia, le colonel E... est un réactionnaire militant, et les sentiments républicains affichés à Verdun sont assurément de simple parade.

Nommé colonel, commandant le 150e régiment à Saint-Mihiel

BLIN, capitaine.

Bonne conduite.

Très grossier avec les hommes.

Pas aimé des inférieurs.
Réactionnaire des plus dangereux.
A tenu tout récemment au maître cordonnier de son régiment le langage suivant :
— Nous sommes gouvernés par ces crapules de francs-maçons. Ah ! si, un jour, j'étais commandé pour charger sur cette bande infecte, quel bonheur j'éprouverais à faire mon service !

152e RÉGIMENT, à Épinal

DIDIO, colonel.
Clérical enragé, anti-républicain.
Pendant la campagne électorale (élections municipales), a fait campagne contre le maire sortant, républicain, membre de la Ligue des Droits de l'homme et du citoyen. Quand ce colonel rencontre un curé portant le bon Dieu, il s'arrête, descend de cheval, se découvre, fait des signes de croix, et attend pour continuer sa route que le ratichon ait disparu.
C'est l'être le plus intolérant que l'on puisse découvrir au point de vue clérical et réactionnaire.
Est capable de tout, pourvu que ce soit contre la République.

Nommé général commandant la 81e brigade d'Infanterie, à Remiremont

KAUFFEISEN, lieutenant-colonel.
Nationaliste, ultra-clérical, ses enfants chez les Jésuites.

Proposé pour colonel (T 1905) actuellement au 149e, à Épinal

JACQUINOT, chef de bataillon.
Nationaliste, ultra-clérical, ses enfants chez les Jésuites.

POIRINE, chef de bataillon.
A des idées religieuses, mais pas à craindre comme réaction.

Nommé lieutenant-colonel au 28e régiment à Paris

CORDONNIER, capitaine.
Très bon républicain, plutôt radical, a toujours soutenu le gouvernement actuel.

COLLE, capitaine.
Nationaliste, à tendances réactionnaires, pas clérical.

SAINT-EVRON, capitaine.
Nationaliste clérical, moralité déplorable.

GREILSAMMER, capitaine.
Nationaliste clérical, antigouvernemental.

BONIFACE, capitaine.
N'est guère connu.

GARNIER, capitaine.
Va à la messe pour faire plaisir à sa femme, mais n'est pas à craindre.

RICHARD, capitaine.
Républicain, mais n'a pas des idées bien arrêtées. N'est pas clérical.

CUNTZ, capitaine.
Insignifiant.

VIRIOT, capitaine.
Nationaliste, ultra-clérical, est de toutes les œuvres catholiques, sa femme racole pour les Saint-Joseph. Cherche à aller dans un régiment à Nancy, pays de sa femme.

RENARD, médecin-major de 1re classe.
Républicain anti-clérical.

GATALA, lieutenant.
Républicain socialiste, a été mis en quarantaine par ses camarades en raison de ses opinions dreyfusardes.

HENRY, lieutenant.
Nationaliste clérical, neveu du lieutenant-colonel Kauffeisen.

DIVOUX, lieutenant.
Nationaliste clérical qui militera.

BLAISON, lieutenant.
Nationaliste clérical qui militera.

AUBERTIN, lieutenant.
Nationaliste clérical.

POTTIER, lieutenant.
Intelligent, mais n'a pas d'idées bien arrêtées.

KLEIN, lieutenant.
Nationaliste clérical.

153e RÉGIMENT, à Toul

ROUSSET, colonel.
Réactionnaire, nationaliste et clérical.

Promu officier de la Légion d'honneur, commandant par intérim la 15e brigade d'infanterie à Laval

ROCA, lieutenant-colonel.
Dangereux, réactionnaire, clérical ; fait même de la propagande à l'occasion.

Proposé pour colonel (T 1906)

DADANT, commandant.
Nationaliste clérical et antiministériel. Souhaite de tout cœur un pouvoir qui materait tous les politiciens. C'est un propagandiste enragé, salera les républicains à la première occasion.

En retraite

156e RÉGIMENT, à Toul

COQUINET, commandant.
S'est rendu la risée de la population civile et de la garnison, même des cléricaux, par l'exagération de sa dévotion.
Va en tenue dans les églises se prosterner devant les autels et en baiser les marches.
On ne s'explique son avancement rapide au grade de commandant que par sa platitude vis-à-vis des chefs cléricaux.
Réactionnaire et clérical, antiministériel en diable ; est un assidu des parlotes réactionnaires de Toul, comme antérieurement à Nancy.

Promu officier de la Légion d'honneur

SOUVERAIN, commandant.
Affiche des sentiments républicains, mais c'est calculé ; arriviste.

DARDIER, commandant.
Ne dit rien ; douteux.

160e RÉGIMENT, à Toul-Neufchâteau-Châlons

FERNANDEZ, colonel.
Républicain, ne s'en cache pas.
Promu officier de la Légion d'honneur

PUECH, lieutenant-colonel.
Nationaliste, et se dit républicain ; mais agit comme un réactionnaire ; de plus, clérical.

De MALGLAIVE, commandant.
Réactionnaire et clérical militant.

COLAS, commandant.
Républicain modéré.

162e RÉGIMENT, à Verdun

STREICHER, chef de bataillon.
Réactionnaire, clérical militant ; assiste avec sa famille à tous les offices de la cathédrale, fait partie de la confrérie de Saint-Vincent-de-Paul. A part cela, sort de l'Ecole de guerre ; homme froid, calme, peu brillant, ayant fort peu de relations ; abord facile, ne malmenant pas ses subordonnés.
Chef d'état-major de la 33e division d'infanterie

163e RÉGIMENT, à Ajaccio

DRUDE, colonel.

Parle avec affectation de son libéralisme, et fait semblant de croire qu'aucun officier de l'armée française ne se prêterait à un coup de force contre la République.

Se dit catholique croyant, mais ne pratique pas, et blâme les mesures projetées contre les Frères des écoles chrétiennes, parce qu'elles sont utiles pour le développement de l'instruction du peuple.

Fait savoir à tous ceux qui l'approchent qu'il est l'objet des avances les plus flatteuses des personnalités bastiaises appartenant au parti antirépublicain, mais prend soin d'ajouter qu'il y est resté insensible jusqu'à ce jour, de peur, dit-il niaisement, de se compromettre.

En résumé, très habile homme, obéissant à son intérêt plutôt qu'à son tempérament, mais bavard à l'excès, et par cela même se livrant comme un enfant.

Rêve de servir en Algérie ou aux colonies, pour ne pas rompre le charme enchanteur de son rapide avancement.

Note. — Ci-joint une pl.·. de la L.·. « Emancipation ajaccienne », au sujet du colonel Drude.

Renseignements complémentaires : infidèle à ses amis. Terrible et impitoyable contre ses ennemis plus faibles que lui. Tel est l'homme.

En Algérie, où il est particulièrement connu, il est l'objet du mépris général et est regardé comme un chef dangereux parce qu'ambitieux à l'excès, sans vergogne et sans scrupule.

Passé avec son grade au 1er régiment de tirailleurs algériens à Blidah

GRILLE, lieutenant-colonel.

Le lieutenant-colonel Grille, au 163e, est arrivé à Ajaccio en 1902, à la suite de son algarade à Châtellerault, où, comme commandant d'armes, il n'a pas attendu les autorités civiles pour la revue du 14 Juillet et a négligé ensuite d'aller les saluer.

Pendant les premiers mois de son séjour ici, il a
Abandonnant son attitude première, il a rompu
vécu très isolé, ne fréquentant absolument personne. Cet isolement n'a pas convenu à Mme Grille et le ménage a fait quelqus visites, presque exclusivement dans le monde militaire. Très réservé, très froid et par conséquent, assez impénétrable, le lieutenant-colonel Grille n'a commencé à laisser percer ses sentiments que depuis quelque temps.
avec l'élément militaire républicain que je représente pour prendre sous son égide le groupe nettement hostile au gouvernement qui comprend, ainsi que cela vous a été dit, parmi les plus dangereux, le capitaine Gillot, de l'artillerie (le héros de Fontainebleau avec le capitaine Coblentz), le pharmacien Cornutret, le capitaine de Chabot et le lieutenant de vaisseau Castelnau.

Dans le groupe, c'est la conspiration ouverte contre le gouvernement et l'avilissement de tous ceux qui ne pensent pas comme eux. De là, deux camps bien tranchés. La propagande la plus active est faite pour détourner la plus grande partie de la population de l'élément opposé et il pousse le cynisme jusquà éviter de nous rencontrer pour ne pas saluer.

Le lieutenant-colonel ne perd pas une occasion d'aller à la messe en grande tenue et d'y convier ses officiers ; le couple est clérical enragé ; les enfants sont naturellement envoyés à l'école congréganiste et ils fuient les miens parce qu'ils ne sont pas baptisés.

Il est d'un caractère méchant, aigri et sournoisement hostile à nos institutions qu'il combattrait sans merci, si l'occasion lui en était offerte.

Le préfet connait bien l'état d'esprit de tout ce monde-là ; je lui ai plusieurs fois reproché son indifférence ; mais il n'y a rien à faire. M. Cassagneau est un être aussi nuisible que possible pour la cause républicaine ; ses jours sont comptés à la tête du département. Il eut été à sa place sous l'ordre moral ; actuellement, il est à rejeter. Malheureusement, à Ajaccio en particulier et dans l'île d'une façon générale, tous les rouages se ressentent d'une administration aussi rétrograde. Si j'ai omis, par précipitation, certains détails, signalez-moi la chose, je la complèterai, et s'il est en votre pouvoir de nous débarrasser de pareils officiers comparables aux officiers serbes s'il s'agissait d'étrangler la République, vous rendrez un service à la cause, au but que nous poursuivons avec ardeur, car il faut un certain courage et un désintéressement très grand pour supporter les avanies que quelques-uns de nous supportons.

Grille à la retraite d'office. Gillot à Bonifacio, adjoint au commandant de l'artillerie. Cornutret au fond de l'Algérie. Cette épuration servirait d'exemple et produirait un effet salutaire.

En retraite

Proposé pour officier de la Légion d'honneur (T 1906)

CRET, lieutenant-colonel.

En 1900, était commandant de la place d'Ajaccio (Corse), comme lieutenant-colonel du 163e.

Avant 1900, était chef de bataillon au 1er zouaves, à Alger, où il est resté de 1892 à 1899.

C'est un arriviste, usant de tous les moyens pour réussir ; les officiers républicains le considèrent comme un puffiste cherchant constamment sa voie. N'a jamais affirmé nettement des idées républicaines, et n'a non plus témoigné de sympathie pour les officiers républicains placés sous ses ordres. Il est possible, étant donnée sa manière d'agir dans le passé, qu'il fasse maintenant, dans un but d'intérêt personnel, des protestations de républicanisme.

A étudier sérieusement.

Nommé colonel, commandant le 81e régiment, à Rodez

BRUTE de REMUR, lieutenant-colonel.

Le lieutenant-colonel B... de R... est un clérical militant et réactionnaire avéré. Professe pour le régime républicain le plus profond mépris.

Au point de vue philosophique, le lieutenant-colonel B... de R... regrette l'ancien temps et a le culte de la noblesse et du clergé, dont il défend les privilèges ; approuve les actes des moines et des curés, et a dit même qu'il serait bien malheureux s'il devait venir dans une garnison de Bretagne.

Tempérament et caractère énergiques ; serait un ennemi dangereux s'il avait le pouvoir.

Proposé pour lieutenant-colonel (T. 1906)

DEMONET, commandant.

Ne fait pas de politique.

Brave homme dans toute l'acception du mot ; est la seule de ses qualités.

Bon soldat, mais est arrivé trop tard n'en ayant pas les moyens.

Va être atteint par la limite d'âge.

Insignifiant ; incapable d'aucune initiative, politique ou autre.

En retraite

De LACGER-CAMPLONG, commandant.

Aristocrate dans l'âme ; n'a que du dédain pour les gens du peuple, et attend avec une impatience déguisée le jour où il pourra donner libre cours impunément à ses sentiments antidémocratiques.

Catholique militant et pratiquant, fait de grands efforts pour ne pas éclater ouvertement contre ceux qu'il croit libre-penseurs. Mène une campagne sourde et d'autant plus odieuse contre les officiers qui sortent du rang.

Plusieurs officiers se plaignent de lui.

Passé avec son grade au 20e régiment, à Montauban

HURVOY, commandant.

Est considéré comme un peu déséquilibré. Grossier et sévère pour ses inférieurs. Se tient sur une très grande réserve au point de vue politique. Inconvenant au point qu'il provoque souvent des actes d'indiscipline de ses subordonnés.

A des idées confuses sur tout.

En retraite

MIGNUCCI, lieutenant.

Officier bien pensant au triple point de vue philosophique, politique et militaire, c'est-à-dire catholique pratiquant, avec ostentation, par genre ; antidémocratique, parce qu'il se croit d'une essence supérieure ; militariste à tous crins, parce qu'il croit flatter ainsi les goûts et les opinions de ses chefs, alors même que ceux-ci se tiennent sur la plus sage réserve.

CHASSEURS A PIED

4e BATAILLON, à St-Nicolas-du-Port

VAIMBOIS, commandant.
Clérical et réactionnaire.
Nommé lieutenant-colonel au 99e régiment, à Lyon

9e BATAILLON, à Longwy

BERTAUX, commandant.

Le 9e bataillon de chasseurs est ce même bataillon dont plusieurs officiers ont été directement mêlés aux agissements ayant pour but le retour en France du prince d'Orléans, et cela à l'instigation du baron d'Huart, qui était l'âme de l'affaire à Longwy.

A cette époque, l'esprit des officiers du bataillon était franchement mauvais, sauf quelques rares exceptions.

Les plus compromis furent changés, parmi eux se trouvait le commandant.

Le commandant Bertaux, qui a succédé à ce dernier, sait que la dénonciation est partie de Longwy, aussi se le tient-il pour dit, et est-il prudent.

Homme d'une certaine valeur et d'une grande habileté, il s'efforce, par des attentions et des soins personnels, de conquérir la sympathie des hommes du bataillon.

Ses sentiments intimes ne vont pas à la République, *tant s'en faut*. C'est un réactionnaire avéré, mais il se croit surveillé (il le dit), et au grand jour ne passe aucun acte hostile au gouvernement.

C'est la crainte seule d'être compromis qui l'empêche d'agir contre nous. C'est un froussard.

Parfait calotin, il suit très assidûment les offices

religieux, et ne manque jamais une occasion d'associer le clergé aux fêtes militaires du bataillon.

Proposé pour lieutenant-colonel (T. 1905).

SIMON, capitaine.

N'est pas un ennemi de la République ; en admet le principe, mais est loin, très loin d'être enthousiaste de la politique actuelle.

Les choses religieuses lui sont indifférentes.

Va très peu à la messe.

Est aimé des hommes de sa compagnie.

En un mot : républicain excessivement modéré.

NEVEUX, capitaine.

Etait précédemment en garnison à Nice, a été envoyé au 9e bataillon à la suite d'une plainte déposée contre lui par un mari trompé et pas content.

Tout occupé de cette femme, la politique semble lui être complètement indifférente.

Ni calotin, ni religieux ; on le voit aussi bien à l'église qu'aux fêtes militaires auxquelles le commandant a pris soin d'associer le clergé.

Assez dur pour les hommes de sa compagnie qui ne l'aiment pas beaucoup.

11e BATAILLON, à Annecy

DESHAYES de BONNEVAL, commandant.

N'affecte aucune idée politique, envoie ses enfants au lycée ; pratique les services religieux. Conclusion : pas trop mauvais.

14e BATAILLON, à Grenoble

BLAZER, commandant.

Nationaliste, très intrigant. Clérical militant.

Nommé lieutenant-colonel, commandant le bataillon

15e BATAILLON, à Remiremont

BONNEFOY, commandant.
Réactionnaire non militant, ne pratique pas, ne fait pas de politique.

16e BATAILLON, à Lille

De FERAUDY, commandant.
Mauvais. Essaie de se faire passer pour républicain, parce qu'il veut devenir colonel.
Se méfier.

Proposé pour lieutenant-colonel (T 1906

17e BATAILLON, à Rambervillers

LETELLIER, chef de bataillon.
Douteux, ne se prononce pas.

Chef d'état-major du commandant supérieur de la défense du groupe d'Epinal

GENIN, commandant.
Officier jeune et instruit. Républicain anti-clérical. N'a pas eu peur, dans ce bataillon clérical, de supprimer la messe de la fête du bataillon.

GEY, capitaine.
Ancien maçon, protestant, nationaliste, a ses fils chez les Jésuites à Reims ; on prétend que c'est M. du Coetlosquet qui paye.

MARECHAL, capitaine.
Nationaliste clérical, envoyé en disgrâce à Rambervillers au moment de l'affaire Tomps.

De MONTLEBER, capitaine.
Nationaliste clérical.

CUNY, lieutenant-trésorier.
Nationaliste clérical, qui conduit tous ses camarades, est l'âme damnée du bataillon, ne vaut rien.
Au point de vue des relations des officiers de ce bataillon avec les autorités civiles, à part le commandant, les autres officiers sont très inconvenants.

20e BATAILLON, à Baccarat

BERTHELOT, commandant.
Nationaliste et ne fréquente que les réactionnaires de l'endroit. A assisté à plusieurs dîners intimes où on daubait ferme sur la République.
De plus, arriviste.

22e BATAILLON, à Albertville

GRAZIANI, commandant.
Politique : nationaliste comme la plupart de ses collègues, pour la suprématie des pouvoirs militaires très probablement impérialiste.
Philosophie : religion catholique, professe, va à la messe le dimanche ; ne manque pas une occasion de se faire voir, fait peut-être ses Pâques (*sic*). Il est réputé pour un clérical avéré. Il a ses enfants qui ne vont pas à la laïque. A des allures plutôt jésuitiques ; ne se découvre pas facilement.

Les officiers, sous-officiers et soldats ne se plaignent pas de son commandement...ils en sont plutôt satisfaits.

Détaché à l'Etat-major du 15e corps d'armée
Proposé pour lieutenant-colonel (T. 1906).

23e BATAILLON, à Grasse

MERIC, commandant.

On me prie de vous signaler ce monsieur, dont je vous ai déjà parlé, comme étant un clérical et un réactionnaire antigouvernemental.

ZOUAVES

1er RÉGIMENT, à Alger

DUBAIL, colonel.

Est généralement considéré dans la population comme un excellent républicain.

Mais on est convaincu que c'est pour arriver aux étoiles de général.

En effet, était, comme lieutenant-colonel, chef d'état-major de la division d'Alger ; avait été appelé à ces hautes fonctions par le général Collet-Meygret, aujourd'hui au cadre de réserve, dont le cléricalisme était universellement connu.

Nommé général, commandant la 14e brigade d'infanterie, à Paris

GROSS, commandant.

Actuellement détaché au fort de Rosny.

Les uns le donnent comme « clérical violent et méchant à tous égards, pour les officiers comme pour les hommes ».

D'autres affirment qu'il est sincèrement républicain et qu'on peut compter sur lui en toutes circonstances.

Les premiers ont raison. Sorti du rang, le commandant Gross semble vouloir faire oublier son origine... A manifesté ses opinions antisémites au moment des troubles, et les officiers juifs, même les mieux notés, sont l'objet de sa part de toutes les vexations.

Proposé pour lieutenant-colonel (T. 1905)

DUPUY-d'UBI, commandant.

Officier très ordinaire. Est le beau-frère du commandant Laquière, chef de la section des affaires indigènes à la division d'Alger, et professe, comme ce dernier, les opinions cléricales les plus prononcées.

A Sidi-Aïssa, où il a été longtemps chef de bureau arabe, il a laissé la réputation d'un brave homme, se montrant conciliant à l'égard des indigènes, mais... (Ici une imputation diffamatoire).

A Alger, où il se trouve actuellement en garnison, on ne peut lui reprocher que d'assister aux offices religieux et de s'y faire remarquer par sa dévotion.

Cet officier, cependant, d'un caractère essentiellement mou, n'est pas un combatif et ne se livre pas ouvertement à des manifestations antigouvernementales, comme le fait sans aucune réserve son beau-frère précité.

L'HUILLIER, commandant.

Commandant l'Ecole de tir du camp de Ruchard. Cherche à s'appliquer pour être noté comme indifférent en matière politique.

Indifférent en apparence, au point de vue religieux.

Lit journellement : l' « Intransigeant », la « Libre Parole ».

Proposé pour lieutenant-colonel (T 1906)

URBAIN, commandant.

Né en 1856, à Méricourt (Vosges) ; sorti de Saint-Cyr en 1876, était capitaine en 1887 ; a été officier d'ordonnance du général Boulanger, a hérité de son cheval noir. Après le boulangisme, a été au 2e zouaves, est passé commandant à l'ancienneté en 1901. N'exprime jamais d'opinion. (Nous supprimons une diffamation).

MAISONNET, commandant.

Né en 1850 à Montigny (Haute-Marne). Sorti de Saint-Maixent en 1877 ; commandant en 1903 ; marié en Algérie ; d'un républicanisme opportuniste ; marcherait partout.

Promu officier de la Légion d'honneur

BACHELIER, commandant.

Sort de Saint-Cyr ; commandant au 1er zouaves depuis 1903 ; d'un caractère hésitant, ne pouvant affirmer aucune idée, parle toujours à côté de la question. D'esprit et d'opinions étroits, nationaliste.

En retraite

4e RÉGIMENT, à Tunis

LAURENT CHIRLONCHON, lieutenant-colonel.

Comme commandant au 16e bataillon de chasseurs, a, entre autres faits de cléricalisme, *interdit* (les preuves existent) aux officiers du bataillon d'assister au mariage d'un de leurs camarades qui épousait une protestante, dont la famille fréquentait les milieux républicains. C'était sous le général de France. A, en outre, inscrit sur le feuillet du personnel de ce lieutenant des allégations mensongères, extrêmement graves, qui ont été rayées par le général Kessler, inspecteur d'armée.

A laissé, en outre, à ceux qui l'ont connu, l'impression d'un personnage égoïste et sans valeur militaire.

Nommé d'abord lieutenant-colonel au 112e régiment à Antibes, puis colonel commandant le 144e régiment à Bordeaux

TIRAILLEURS ALGÉRIENS

1er RÉGIMENT, à Blidah

CALLEY de SAINT-PAUL, colonel.

Bonapartiste. Clérical, par conséquent ennemi du régime actuel, opinions connues des officiers de son régiment, qui affectent en grande partie les mêmes idées.

Aurait un caractère jésuitique, ne laissant jamais savoir ce qu'il pense.

N'est pas marié. A été longtemps dans les bureaux arabes en Algérie... (Ici des renseignements diffamatoires).

Cherche à avoir les étoiles de brigadier. Dans le cas contraire, se retirerait, au moment de sa retraite, en Algérie, où il a des propriétés.

Sort peu ; est renfermé et est peu connu du public.

En retraite

BONNET, colonel.

En public, M. Bonnet est naturellement gouvernemental.

Quelques menus faits glanés au cours de deux ans d'observation compléteront ces renseignements trop succincts :

a) En mai 1900, le pasteur protestant de Blida fonde un cercle où il attire les soldats français. Un officier s'en plaint au colonel qui répond : « Cela peut avoir de l'importance en France ; ici, ce n'est pas la même chose. Laissez donc !

b) Dans un diner, un officier sortant de l'infanterie coloniale raconte qu'il eut l'occasion de voyager, de Bordeaux à Cayenne, avec un convoi de forçats. Des femmes reléguées avaient été confiées à la garde de Sœurs qui faisaient leur service le revolver en sautoir (?). M. Bonnet de conclure : « Est-ce qu'on va les expulser, celles-là ? »

(Ici, des imputations diffamatoires que nous ne voulons pas reproduire).

On sait que les tirailleurs sont à peu près recrutés comme des soldats de l'ancien régime. Parfois, un homme vient, à la suite d'une discussion, demander à s'engager. Le lendemain, les parents, souvent la femme et les enfants, viennent le réclamer, et l'indigène demande à rentrer chez lui. Bonnet va nous dire comment il faut agir en pareil cas : « Une fois que l'homme est entré au quartier, la sortie lui en est interdite jusqu'à la passation de l'acte d'engagement, et il doit être soustrait à toutes influences étrangères de nature à le faire revenir sur sa détermination. Il ne suffit pas de l'introduire au quartier, il faut l'y retenir jusquà ce qu'il ait signé son engagement...

« L'homme choisit la compagnie qu'il préfère, si le détachement en compte plusieurs ; il y a tout intérêt à le laisser libre de choisir sa compagnie, où il pourra trouver ses parents, ses amis, ses compatriotes. Lui imposer une compagnie serait s'exposer à voir l'homme renoncer à s'engager. Il n'y a aucun inconvénient à ce qu'une compagnie engage beaucoup plus que la voisine. On la nivellera plus tard, *quand les hommes ne pourront s'en aller.* » (Extrait de la décision permanente numéro 22 ; 1903.)........

Nommé général de brigade,
commandant les troupes non embrigadées
de Constantine

EXELMANS, lieutenant-colonel.
Officier réactionnaire et clérical.

Proposé pour colonel (T. 1906)

SARDA, commandant.
Nationaliste, mais roublard.

GAUTHIER, commandant.
Le seul renseignement qu'on puisse fournir sur lui, c'est qu'il ne se décida à envoyer son fils au collège communal que lorsque les Maristes de l'Institution Saint-Charles eurent été expulsés.

BAZINET, commandant.

On raconte qu'il eut autrefois quelque valeur, mais.. (Suivent des diffamations que nous ne reproduisons pas).

Proposé pour lieutenant-colonel (T. 1906)

BESSEYRE DES HORTS, commandant.

Clérical, réactionnaire, continue à être dans l'âge mûr ce qu'il fut dans sa jeunesse : un excellent élève des bons Pères.

Un député algérien disait, il y a quelques mois, en parlant des officiers : « Nous sommes sûrs des nôtres et nous voulons attirer à nous nos ennemis. » Si le gouvernement partageait cette opinion, M. Beysseyre des Horts nous paraîtrait tout désigné pour faire un général.

4e RÉGIMENT, à Sousse

DOLLEANS, commandant.

Depuis peu à Sousse. Ne fréquente pas l'église. Réactionnaire.

Lors d'un incendie à Sousse, recevant des félicitations sur la rapidité avec laquelle les tirailleurs avaient concouru à éteindre le feu, il répondit : « A présent, la troupe ne sert plus quà éteindre les incendies ou à chasser les Sœurs des couvents ».

Proposé pour officier de la Légion d'honneur (T. 1905)

VANNIER, commandant.

..(Une diffamation que nous supprimons).

Ne fréquente aucun culte, assez aimé. Attend avec impatience sa retraite. Caractère emballé, sabreur. Républicain tolérant, plutôt nuisible qu'utile, encombrant. Peut-être que dans la vie civile on pourra faire quelque chose de lui, mais avec prudence.

Décédé

MARTIN d'ESCRIENNE, commandant.

Breton, conduit sa famille aux offices du dimanche et y assiste ; y est plutôt pour faire plaisir à sa femme très dévote.

Opinions réactionnaires : Dieu et mon Roi, de quelque manière qu'il soit, pourvu que cela ne soit pas la République. Philosophie facile, se moquant de tout et se fichant du reste... Serait à craindre s'il n'était pas ambitieux.

Proposé pour lieutenant-colonel (T. 1905)

LÉGION ÉTRANGÈRE

2e RÉGIMENT, à Sidi-Bel-Abbès

LANNEGRACE, lieutenant-colonel.

Officier foncièrement clérical, de l'espèce intolérante. Il y a quelques mois, le lieutenant Badot, du 1er étranger, se mariait civilement. L'orchestre à cordes du régiment avait, jusqu'alors, prêté son concours à tous les mariages des officiers, et M. Badot comptait jouir de la même faveur. Mais il comptait sans son lieutenant-colonel, qui, à ce moment-là, en l'absence du colonel, commandait le régiment. A la demande du lieutenant, M. Lannegrâce lui répondit par un refus, alléguant qu'il dérogeait aux traditions de l'armée (*sic*).

Et le mariage se fit civilement à la mairie, sans musique, en présence de quelques officiers seulement, les moins timides. Dans un état physiologique général qui ne lui permettrait probablement pas de supporter convenablement une campagne.

Loyalisme douteux.

Note complémentaire sur M. Lannegrâce.

Non seulement cet officier a refusé au lieutenant Badot l'orchestre à cordes parce qu'il se mariait sans le curé, mais il a, dans le but d'empêcher tout éclat à la cérémonie civile du mariage, demandé au premier adjoint de ne pas célébrer l'union nuptiale dans la grande salle des fêtes de la mairie.

Cette démarche est d'ailleurs restée infructueuse.

Nommé colonel au 3e régiment de tirailleurs algériens, à Constantine actuellement hors cadre (colonies)

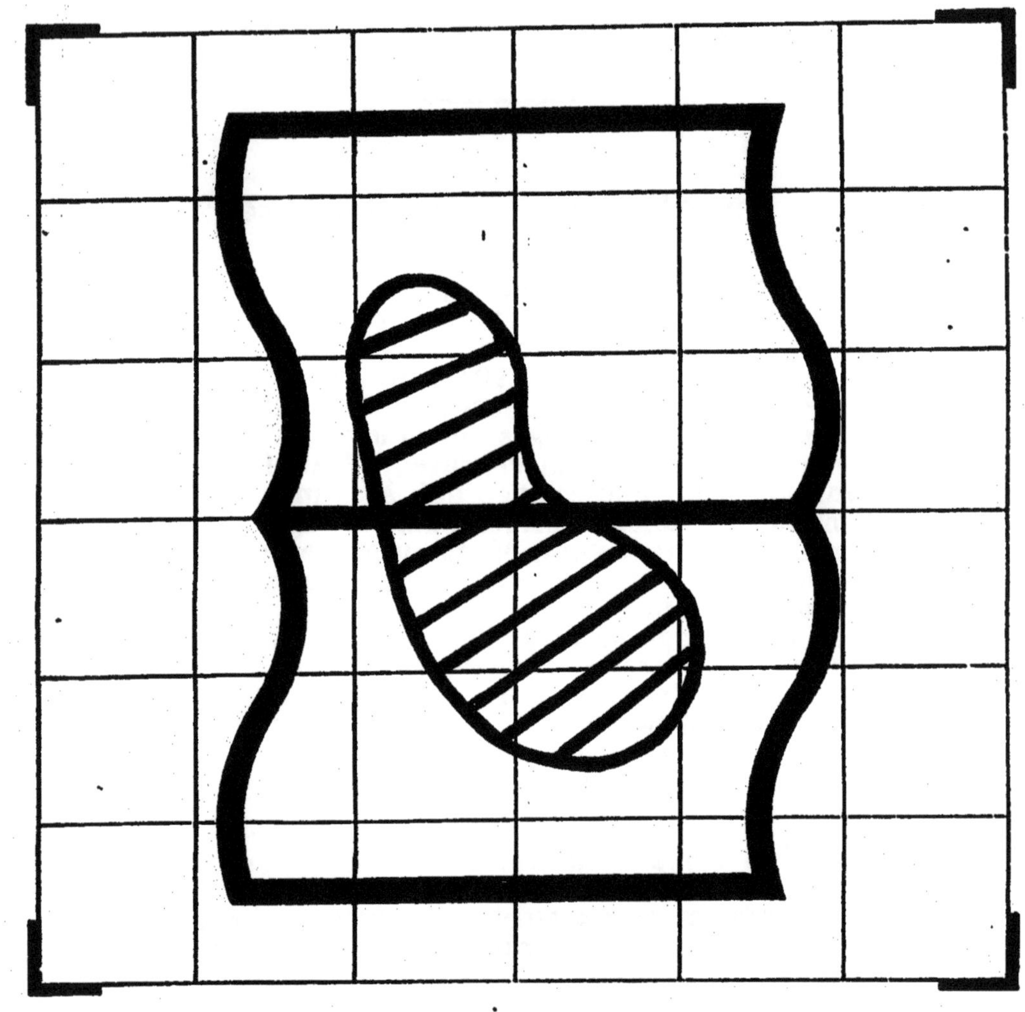

ROUX, commandant.
Clérical invétéré... (une diffamation).

2e RÉGIMENT, à Saïda

BOYER, commandant.
Très habile, peu sincère. Il affiche des opinions anti-cléricales, mais il encourage sa femme et ses enfants à pratiquer la religion catholique. Il semble ainsi vouloir se ménager une place et des amis dans les deux camps.

Il professe des idées républicaines, mais très faiblement, et aimerait mieux un président de la République militaire.

D'une intelligence au-dessus de la moyenne. Sans conviction profonde, et capable d'adopter extérieurement la ligne de conduite la plus propre à favoriser ses vues et ses ambitions.

GENDARMERIE

SERRES, colonel, commandant de la légion de gendarmerie de Paris.

N'affiche pas des sentiments opposés à la forme gouvernementale actuelle, mais est à étudier sur ce point.

A des tendances cléricales.

PREVOT, colonel, garde républicaine, Paris.

L'un des échantillons du parfait arriviste ; flirte avec les personnages influents du parti républicain, et fait, aussitôt après, de profondes courbettes aux cléricaux. A confié l'instruction de son fils aux cléricaux du collège Stanislas. Foncièrement hostile à la République. Cherche cependant à en tirer le plus d'avantages possible.

Nommé général, commandant la 4e brigade de cuirassiers.

SAMZON, lieutenant-colonel, garde républicaine.

Il résulte des renseignements fournis par un ami l'ayant connu d'assez près, que cet officier est plutôt opposé à la politique actuelle.

DECOUSSER, commandant.

S'est opposé, en sa qualité de président de la bibliothèque des sous-officiers, à l'introduction du complément des œuvres de Zola sous le prétexte qu'il y avait « assez de saletés comme cela ».

Le jour de la manifestation d'Etienne Dolet, critiquait devant un groupe d'officiers le gouvernement de tolérer une semblable manifestation, alors que les processions religieuses étaient interdites.

BAUMANN, commandant.
Famille cléricale et pratiquante.

BATTESTI, commandant.
Famille cléricale : a deux filles qui ont été élevées dans un couvent ; famille pratiquante.

SUAU de VARENNES, chef d'escadron de gendarmerie.
Bien que clérical avéré et réactionnaire acharné, a réussi à se faire maintenir pour lieutenant-colonel.
Il sera atteint par la limite d'âge dans onze mois.
Ne protège que les réactionnaires.
A maintenir comme chef d'escadron.

SEMPE, commandant de gendarmerie.
Nouvellement arrivé à la Roche-sur-Yon. Reste absolument neutre ; il a été impossible jusqu'à présent de connaitre ses opinions.

SERGENTET, colonel de gendarmerie, Perpignan.
Professe des idées cléricales ; catholique pratiquant. Pas hostile au gouvernement.

RECRUTEMENT

LECHAT, commandant hors cadres, recrutement.

Catholique très militant. C'est par lui que Bougère, député de Segré, obtenait tout ce qu'il désirait du recrutement de Cholet. Appartient à une famille très cléricale de Longny ? ? ?

A mis son fils dans le collège fondé à Cholet par les curés.

Réactionnaire en conséquence (*sic*).

Décédé

JACQUES, lieutenant-colonel hors-cadres, recrutement de Marseille.

Réactionnaire.

ADENOT, lieutenant-colonel hors cadres.

Vieille ruine. Infirme. Bon à mettre à la retraite. N'a jamais fait de politique. On ne le croit pas hostile à la République.

AUBERY du BOULLEY, commandant.

Réactionnaire et clérical, manquant complètement de franchise. Capable de toutes les besognes, jésuite parfait.

DELATER, commandant.

Commandant le bureau de recrutement de Sens, où il rend nombre de services, aussi bien aux républicains qu'à tous les réactionnaires.

Estimé dans la population civile. N'a cependant

pas, croit-on, des idées républicaines. Prend sa part des manifestations républicaines locales.

Rien à compter ni à redouter.

MAZOYER, commandant retraité qui est chargé du service de recrutement.

Ne combat pas ouvertement le régime actuel, mais y est complètement opposé ; clérical pratiquant.

LAQUIERE, commandant hors cadres, affaires indigènes, chef de section (division d'Alger).

Cet officier passe pour intelligent ; il est sur le point de passer lieutenant-colonel ; son avancement, qui a été jusqu'ici très rapide, procède malheureusement moins de sa valeur personnelle que de ses opinions politiques, nettement cléricales, réactionnaires et antisémites.

Il faut en effet remarquer avec tristesse que le ministre de la guerre favorise encore tous les officiers cléricaux pour exclure, au contraire, de toute faveur ceux qui ont le courage d'affirmer leurs sentiments républicains. Le commandant Laquière a fait toute sa carrière dans les affaires indigènes ; il a une réputation détestable.

A Boghar, où il a exercé pendant longtemps les fonctions de chef de bureau arabe, il est connu... (Nous supprimons une diffamation).

Un fait récent permet de bien juger le commandant Laquière au point de vue politique.

Dernièrement, les séminaristes de Notre-Dame d'Afrique, jouant une comédie avec leurs élèves, éprouvèrent la fantaisie de se déguiser en arabes. Les vêtements nécessaires à cet effet furent fournis par des indigènes, sur réquisition du commandant Laquière, qui faisait sans vergogne cet usage scandaleux de son autorité.

Cet officier supérieur est, de notoriété publique, exécré des indigènes et, comme il va passer prochainement lieutenant-colonel, il est vivement à souhaiter qu'il soit remis à la disposition de son arme. (Ici une diffamation). Il faut ajouter, ce que personne n'ignore, que le commandant Laquière persécute les fonctionnaires israélites qui ont le malheur de tomber sous ses ordres.

INFANTERIE COLONIALE

PEROZ, lieutenant-colonel de l'infanterie coloniale.

Ne doit être porté au tableau ni pour le grade de colonel, ni pour la croix d'officier de la légion d'honneur.

Est en instance de retraite. Celui-ci est le plus bel échantillon des condottieri modernes. A débuté en Espagne, en 1874, comme détrousseur de grands chemins, avec Don Carlos ; a terminé à Zinder, en livrant aux Anglais les trois Français pris par ruse après l'affaire d'Aargoemgon. Nommé officier de la Légion d'honneur pour cette action d'éclat. La République n'a plus qu'à en faire un colonel et elle sera bien servie par ce clérical militant.

Demander au colonel *Freystætter* des renseignements complémentaires. Une telle inscription au tableau serait un scandale et la dernière des sottises.

CRAVE, lieutenant-colonel.

Sourd comme un pot, pose pour la victime, bien qu'officier de la Légion d'honneur et lieutenant-colonel, lorsque ses camarades de la guerre sont encore capitaines. Etait commandant supérieur des troupes au Congo avec *Grodet* a dû rentrer avant terme, sa tâche étant au-dessus de ses moyens. Opinions politiques et philosophiques quelconques.

LAVOISOT, lieutenant-colonel.

Nul, rien à son actif comme militaire, mais créature d'Hébrard (du *Temps*). Borgne parmi les aveugles.

MONGUILLOT, chef de bataillon.

A plat ventre devant l'autorité. Dureté excessive avec ses subordonnés. Peu ou pas de culture intellectuelle, par suite incapable d'une opinion politique ou philosophique. Est resté sous-officier et doit considérer les vrais républicains comme de la canaille.

CAVALERIE

SESMAISONS, général commandant la cavalerie, 9e corps, à Niort.

Catholique pratiquant, allié à une famille cléricale du pays. Entretient de bonnes relations avec la préfecture et avec la municipalité radicale ; se mêle volontiers à la population ; favorise les œuvres philanthropiques, sans caractère religieux ; assiste à la distribution des prix du lycée de garçons, ce que ne faisaient pas tous ses prédécesseurs. Est correct, courtois, mais on ne croit pas à son républicanisme. On lui attribue, non sans raison, des intentions de candidature nationaliste dans la première circonscription, lorsqu'il sera retraité. On dit que c'est surtout dans ce but qu'il fait beaucoup de popularité. Réactionnaire déguisé ; jésuite.

De CLERIC, général, commandant la 4e brigade de chasseurs.

Monarchiste, clérical, dangereux.

CUIRASSIERS

2e RÉGIMENT, à Paris

HUGUET, lieutenant-colonel breveté.

Officier des plus dangereux, sournoisement hostile à la République ; il fait mille amabilités aux officiers républicains du cabinet et déclare, d'autre part, aux officiers du 2e cuirassiers qu'il hait la République, et que l'attitude qu'il affecte de prendre a pour but de la mieux trahir à la première occasion.

En 1900, étant professeur à l'Ecole de guerre, faisait cyniquement de la propagande antirépublicaine. Il racontait, un certain jour, à Méry-sur-Seine, au cours d'un voyage, qu'il distribuait dans la campagne, à tous les enfants qu'il rencontrait, des opuscules de la *Libre Parole : Loubet-la-Honte, Panama*, etc., et qu'il avait soin de s'informer ensuite si ces opuscules étaient bien parvenus entre les mains des parents.

Ses discours à table étaient tels qu'un jour un élève de l'Ecole, le capitaine d'artillerie Bourguet, dut lui faire honte de sa violence et de sa mauvaise foi.

Nommé colonel au 4e cuirassiers à Cambrai

3e RÉGIMENT, à Vouziers

D'IMECOURT, colonel.

Réactionnaire.

Promu officier de la Légion d'honneur

5ᵉ RÉGIMENT, à Tours

PHILIPPON de la MADELAINE, colonel au 5ᵉ cuirassiers.
Réactionnaire, archiclérical.
Proposé pour officier de la Légion d'honneur et nommé colonel, commandant le 4ᵉ chasseurs à Pontivy

LEMAU de TALANCE, lieutenant-colonel au 5ᵉ cuirassiers.
Réactionnaire, archiclérical.
En retraite

8ᵉ RÉGIMENT, à Tours

De SEROUX, colonel au 8ᵉ cuirassiers.
Réactionnaire, archiclérical.

9ᵉ RÉGIMENT, à Noyon

J'ai appris que le colonel *Ledochowski* éait mis à la retraite ; on parle de son remplacement par le colonel *de la Giclais*, ancien lieutenant-colonel du régiment, et actuellement colonel de cuirassiers à Lyon. Il a des intérêts à Chauny (près Noyon), qui est le pays de sa femme.

Il n'y a pas plus réactionnaire et clérical que lui.

LEDOCHOWSKI, colonel.
Habite V..., près Soissons, n'a qu'un pied-à-terre à Noyon.
Dirige son régiment par le téléphone.

Le lieutenant-colonel est chargé de faire exécuter les ordres téléphoniques du colonel.

Est le neveu du cardinal Ledochowski, ancien archevêque de Prague, aujourd'hui préfet de la Propagande.

A des relations suivies avec son oncle.

Va tous les dimanches à la messe, quelquefois en semaine.

Les officiers du 9e ne partent de l'église que pour aller jouer au tennis. Exception est faite pour deux ou trois, qui travaillent et qui, bien entendu, sont mal vus des autres.

En retraite

11e RÉGIMENT, à St-Germain

De CROUTTE de SAINT-MARTIN, colonel.

Clérical enragé, inféodé à la réaction, manque absolument de tolérance ; antirépublicain, antisémite, antilibéral et militant.

Nommé général, commandant la 2e brigade de cavalerie

De NOURQUER du CAMPER, chef d'escadrons.

Officier réactionnaire et clérical ; a été, à Lunéville, à la tête du parti nationaliste, il y a deux ans. Les injures du commandant du Camper à l'adresse du général André et du gouvernement sont connues à Lunéville.

Dangereux.

Proposé pour lieutenant-colonel (T 1907)

13e RÉGIMENT, à Chartres

De MONTMARIN, lieutenant-colonel.

Incapable de monter à cheval pour cause d'obésité. N'a aucune qualité militaire. Esprit très rétrograde.

Très hostile au gouvernement. Serait mieux à la direction d'un séminaire qu'à la tête d'un régiment. En retraite, promu officier de Légion d'honneur

De CHAMISSO, commandant.

Dévot et hypocrite. Fermement hostile à la République. Dit tout le mal possible du ministre actuel. Cherche à se faire appuyer par les membres du conseil municipal de Paris. Ne mérite aucune faveur.

DRAGONS

1er RÉGIMENT, à Joigny

De GONNEVILLE, capitaine.

Clérical militant. Affecte ses opinions en assistant régulièrement aux offices. Ses enfants suivent les cours du petit séminaire.

Son maintien, suivi de la décoration qui vient de lui être accordée, a produit un effet déplorable dans la population si républicaine de Joigny.

Nommé chef d'escadron
au 3e régiment de cuirassiers, à Vouziers

6e RÉGIMENT, à Evreux

VIGOGNE, commandant.

Réactionnaire et clérical.

Nommé lieutenant-colonel
au 3e régiment de cuirassiers, à Vouziers

BOUCHARD, commandant.

Réactionnaire et clérical.

En retraite

BEAUFORT de SCOURION, lieutenant-colonel.

Très fermement hostile à la République. Serait heureux de concourir à son renversement. Très clérical. Serait dangereux à la tête d'un régiment. Ne mérite pas les faveurs d'un gouvernement républicain.

Proposé pour colonel (T. 1905)

7e RÉGIMENT, à Fontainebleau

CHERFILS, colonel.

Partial, irréfléchi, antirépublicain, clérical, réactionnaire, vindicatif, hypocrite (Ici une diffamation) ; *donne à certains officiers et à leur insu des notes pouvant briser leur carrière* ; favorise les nationalistes et les cléricaux. Homme à surveiller. Pourrait être dangereux.

Nommé général, commandant la 2e brigade de dragons, à Lunéville

D'HEROUVILLE, lieutenant-colonel.

Très clérical ; cousin du citoyen de Briey, évêque de Meaux. Caractère jésuitique, réactionnaire ; a été déplacé de Melun, il y a trois ans. Favorise les cléricaux ; à écarter.

En retraite
Lieutenant-colonel de cavalerie de réserve

De MONDONVILLE, commandant.

Nationaliste, clérical, très militaire ; s'occupe peu de politique. A été déplacé de Melun, il y a trois ans. Homme pas sûr.

BARATIER, commandant.

Réactionnaire enragé, anti-gouvernemental, antiministériel ; homme dangereux dont il faut se méfier. Marcherait carrément contre le gouvernement.

Nommé lieutenant-colonel
au 8e régiment de chasseurs, à Auxonne

De MONTOUVILLE, commandant.
Intelligence médiocre, fieffé clérical, et s'affiche à l'église.

CHAVANE, capitaine.
Clérical ; intelligence médiocre ; s'est fait appeler de Dalmacy.

LEJAY, capitaine.
Tout ce qu'il y a de plus dévot ; s'affiche à la messe.

BIGEARD, capitaine.
Dévot pour la galerie.
Passé au 4e régiment de hussards, à Meaux

BONJEAN, capitaine.
Pas de renseignements.
Passé au 1er régiment de dragons, à Joigny

9e RÉGIMENT, à Lunéville

Le SAULNIER de SAINT-JOUAN, lieutenant-colonel.
Réactionnaire, clérical, très pratiquant. Attend la liquidation de sa retraite, ne pouvant faire l'équitation, comme le désire le général de Benoist.
En retraite

ROUSSEAU, lieutenant-colonel.
Républicain très modéré. Catholique, peu pratiquant ; évite de parler politique.
Nommé colonel au 4e régiment de dragons, à Chambéry

BEDATON et **MENUAU**, commandants.
Sont républicains, malgré le milieu qui les environne, mais parlent peu politique pour éviter les discussions. Catholiques pas pratiquants.

Bedaton : nommé lieutenant-colonel au 4e hussards, à Meaux et proposé pour officier de la légion d'honneur
Menuau : décédé

MURE de PELLANNES, commandant.
Réactionnaire, clérical, anti-ministériel. Est plutôt maquignon que chef d'escadrons.

Nommé lieutenant-colonel au 11e régiment de dragons, à Belfort

André **JOUBERT**, commandant.
Réactionnaire, orléaniste, antiministériel, catholique pratiquant.

De LAGERIE, de **LATOUR**, de **LAMBILLY**, de **MOIDREY**, **PREAU**, **STOCKLEN**, capitaines.
Réactionnaires cléricaux. Catholiques très pratiquants. Ont horreur du gouvernement actuel et surtout du général André.

PARISOT, **COLLIN**, **CAVENNE**, **NESSLER**, **JACQUES**, **DUCEL**, capitaines.
Opinions indécises et variables ; pourraient être classés parmi les républicains de nuance très pâle. Ne critiquent jamais le gouvernement.
Sous quelques jours, vous aurez les renseignements sur les quatre qui ne figurent pas ici.

13e RÉGIMENT, à Lure

DURAND de VILLERS, colonel.
N'est pas républicain.

Nommé général commandant la 1re brigade de cuirassiers, à Tours

24e RÉGIMENT, à Dinan

De la BARDE lieutenant-colonel.
Très mauvais. Foncièrement hostile ; a souscrit pour la veuve Henry ; clérical sectaire.

En retraite, proposé pour officier de la légion d'honneur (T. 1904)

DEZAUNAY, commandant.
Nationaliste et clérical ; ennemi de la République, qu'il désire voir tomber au plus tôt. Mauvais.

Nommé lieutenant-colonel au 5e régiment de chasseurs, à Neufchâteau

26e RÉGIMENT, à Dijon

CABANY, lieutenant-colonel.
Clérical militant, fanatique et méchant.

Nommé colonel, commandant le 9e régiment de chasseurs, à Auch

GROSJEAN, capitaine.
Clérical renforcé. Très hostile et très agressif à l'endroit du gouvernement.

29e RÉGIMENT, à Provins

HECK, commandant.
Sans opinion et sans contradiction. Très égoïste. Nul.

Nommé lieutenant-colonel au corps, en retraite

31e RÉGIMENT, à Epernay

De TARTIGNY, colonel.

A la tête d'un corps d'officiers à esprit clérical et réactionnaire. N'a rien fait, rien tenté pour modérer le zèle religieux de ses subordonnés. Assiste régulièrement à la messe, même en manœuvres ; compte pour bien des raisons avec ses capitaines commandants.

Prudent et discret, parce que ambitieux, il a fait des avances tardives aux autorités ; de plus, il a réalisé le désir, cependant difficilement réalisable, de voir son fils réussir au baccalauréat en l'envoyant en temps utile au collège.

Très accessible à la flatterie ; laisse le champ libre aux intrigues, ce qui est cause de nombreuses coteries.

Dans l'affaire du commandant Perrot, son cousin et son intime, on a accepté — quelques-uns *difficilement* — qu'il ait été complètement ignorant de la culpabilité de cet officier, mais on lui a reproché d'avoir tenu cachée jusqu'à la veille du jugement l'accusation grave qui pesait sur lui.

De LASSUCHETTE, lieutenant-colonel.

Clérical avéré ; ennemi du gouvernement républicain.

Communie toutes les semaines.

CHASSEURS A CHEVAL

3e RÉGIMENT, à Abbeville

D'une façon générale, on peut dire que, dans ce régiment, l'esprit est tout à fait mauvais ; c'est à qui sera le plus réactionnaire et le plus clérical.

Régiment de nobles cléricaux, dont il faut se méfier.

4e RÉGIMENT, à Epinal

Des VOSSAUX, lieutenant-colonel.

Nationaliste ultra-clérical, accompagne le président du Cercle catholique pour quêter pour les œuvres religieuses.

Je crois qu'il est inutile de faire un travail pour le quatrième régiment de chasseurs à cheval ; tous les officiers, sauf les vétérinaires, sont nationalistes et cléricaux, depuis le colonel jusqu'au dernier lieutenant.

Nommé colonel, commandant le 21e chasseurs à Limoges

6e RÉGIMENT, à Rouen

MOREAU de BELLAING, commandant.

Profondément réactionnaire ; proposé pour le grade de lieutenant-colonel. En dehors, se montrera extrêmement souple ; mais, paraît-il, ne craindrait pas d'agir tout autrement en dessous ; on ne peut compter sur lui.

En retraite (colonel de réserve)

8e RÉGIMENT, à Auxonne

De MALVOUE, colonel.

Va à la messe. Comme commandant d'armes de la place d'Auxonne, a favorisé l'entrée du Cercle militaire aux journaux réactionnaires, en rendant compte d'une façon erronée au commandant de corps d'armée de journaux lus dans cet établissement.

En retraite, proposé pour officier de la légion d'honneur (T. 1904)

Le CHANOINE du MANOIR de JUAYE, lieutenant-colonel.

Très riche. Membre très influent de la Société de Saint-Vincent-de-Paul d'Auxonne, dont il est le président. Allait, il y a peu de temp encore, au village des Granges-d'Auxonne, engager les pères de famille à retirer leurs enfants des écoles laïques pour les envoyer chez les congréganistes. Est inscrit au tableau d'avancement pour le grade de colonel depuis 1901.

Réactionnaire et clérical militant. Président de la Société de Saint-Vincent-de-Paul d'Auxonne. Va trouver les familles pauvres de la localité et leur donner de l'argent pour leur faire retirer leurs enfants des écoles laïques. Est au tableau d'avancement pour le grade de colonel.

Nommé colonel, commandant le 17e régiment de chasseurs, à Lunéville

SAVEROT, commandant.

Clérical militant, va à la messe, très antigouvernemental.

De BOUILLE, commandant.

Clérical militant, va à la messe, très antigouvernemental.

Le BACHELE, capitaine.

Républicain très anti-clérical ; s'est montré partisan de la revision du procès Dreyfus ; mérite d'autant plus de l'avancement que des officiers semblables sont très rares dans l'armée et la cavalerie.

CAPITREL, lieutenant.

Vient d'être reçu à l'Ecole supérieure de guerre ; allié à une famille auxonnaise, royaliste militante, laquelle est alliée à la famille du général de Cointet, en retraite à Dijon, lequel a fait échouer aux dernières élections municipales la liste socialiste sortante.

SORLIN, lieutenant.

Républicain avancé, ne cachant pas ses opinions ; déjà ancien de grade ; mérite avancement.

10e RÉGIMENT. à Moulins

De CHABOT, colonel.

Vit à peu près en dehors de la population civile, ou, comme tous les officiers de son régiment, ne fréquente que les familles de la noblesse, ou les châtelaines des environs. Par ses attaches, par ses idées, il est pleinement réactionnaire et nettement clérical.

Je ne crois pas que le parti républicain le plus modéré puisse compter sur lui.

Il n'a rien fait pour changer ou atténuer en quoi que ce soit les sentiments foncièrement cléricaux et réactionnaires de la très grande majorité des officiers du 10e. Je ne pense pas qu'il y ait en France un autre régiment aussi mal disposé envers les républicains et aussi hostile à la démocratie.

Nommé général, commandant la 3e brigade de cuirassiers, à Reims

---

11e RÉGIMENT, à Vesoul

LESCOT, lieutenant-colonel.
Très mauvais, clérical et archiréactionnaire.

Nommé colonel au corps

13e RÉGIMENT, à Béziers

De CARBONNEL, commandant.
Catholique pratiquant... (*Ici une diffamation*). A récemment puni un de nos amis politiques, le lieutenant Hubin, pour un motif insignifiant. Le vrai motif, c'est qu'H... *est un républicain qui, dès la première heure, s'est nettement déclaré dreyfusard.*

En retraite

14e RÉGIMENT, à Dôle

De BIRE, colonel.
Caholique et clérical *très militant ;* réactionnaire *pur sang ;* est toujours à l'église ou chez les Jésuites de la localité ; met ses enfants au collège tenu par ces derniers ; exerce de la pression sur ses officiers et sous-officiers pour les faire aller à l'église. « Je ne vous oblige pas à assister aux offices, leur disait-il, mais je saurai toujours bien ceux d'entre vous qui remplissent leurs devoirs religieux ». (Propos rapporté par un sous-officier).

Il est ennemi déclaré de la République. Il faisait, un jour, à ses officiers, lors d'une réception, un discours qui peut se résumer ainsi : « On ne peut être Républicain et bon Français ; ce sont deux choses incompatibles ». Au dire de beaucoup de ses officiers et sous-officiers, il est haineux et vindicatif, et n'accorde de faveurs et d'avancement qu'à ceux qui se montrent catholiques militants et réactionnaires comme lui. Descendant d'émigré, il serait traître à la République, le cas échéant.

Nommé général de brigade du cadre de réserve

X, lieutenant-colonel.

Nommé depuis peu à la garnison de Dôle ; je n'ai pu même savoir son nom. Donc, impossibilité de fournir sui lui aucun renseignement bien précis sur ses opinions politiques et philosophiques.

ASTRUC, commandant.

Considéré comme républicain ; ne va pas à la messe ; les autres officiers le tiennent à l'écart ; ils ne veulent voir en lui qu'un mouchard du gouvernement actuel.

Proposé pour lieutenant-colonel (T. 1906)

COBEE, commandant.

Bon républicain, mal vu du colonel, à cause de ses opinions politiques et de son indifférence religieuse.

FARCIS, commandant.

Catholique et clérical militant. Adversaire déclaré de la République ; va à la messe, suit en tout l'exemple que lui donne son colonel.

En retraite

15e RÉGIMENT, à Châlons

De CUGNAC, capitaine.

M. de Cugnac habite rue du Collège, 18. Il est marié et père de deux enfants âgés de neuf ans et de cinq ans. L'aîné, un fils, va au collège Saint-Etienne, dirigé par des prêtres ; le second, encore trop jeune pour aller en pension, est élevé par une préceptrice.

M. de Cugnac est un clérical réactionnaire des plus militants. Il a des sentiments politiques entièrement opposés à ceux préconisés par le gouvernement au pouvoir ; son attitude est moins que correcte.

Au point de vue philosophique, il est assez intransigeant, admettant difficilement que l'on ne pense pas comme lui.

Nommé chef d'escadron
au 8e régiment de cuirassiers, à Tours

18e CHASSEURS, à Lunéville

De SILLEGUE, colonel au 18e chasseurs.
Très fatigué, dangereux.

En retraite, colonel de réserve

20e CHASSEURS, à Vendôme

De la MORTIERE, lieutenant-colonel.
Catholique pratiquant et réactionnaire militant.

Nommé colonel, commandant le 1er hussard
à Valence

HUSSARDS

1er RÉGIMENT

Marquis de QUINEMONT, colonel.
Royaliste enragé, clérical à tous crins, incapable, ne protège que les soldats qui vont à la messe.

De LAPEYROUSE, commandant.
Mis au tableau en 1903. Jésuite sans aucune valeur militaire (*Ici une diffamation*) faits connus de tous à Verdun ; aussi cette récompense a été un scandale que les bonnes langues on tourné contre le ministre.

5e RÉGIMENT, à Nancy

De MAISTRE, colonel.
Antirépublicain. Royaliste. Déteste tout ce qui a une petite nuance républicaine. A un fils à Saint-Léopold ; une fille qui a terminé ses études, et deux autres qui sont instruites à la maison par une gouvernante.
Très lié avec les d'Astier de La Vigerie, Hugot-Derville et de Curières de Castelnau, qui sont les porte-drapeaux du cléricalisme de notre corps d'armée.

En retraite

De CERNON, chef d'escadron.
Clérical, passe pour orléaniste.

Nommé lieutenant-colonel au 4e régiment de chasseurs, à Épinal

BOUTAUD, comte de LAVILLEON.
Deux fils instruits chez lui par un prêtre.

8e RÉGIMENT, à Verdun

De MONTANGON, colonel.
Clérical enragé.

Colonel très ancien régime.

En retraite, proposé pour officier de la légion d'honneur (T. 1906)

9e RÉGIMENT, à Marseille

DEVEZEAUX de RANCOUGNE, colonel.
Mention spéciale à ce jésuite, qui a tous les défauts... (*Ici une diffamation*) est capable de tout pour avoir de l'avancement.

En retraite

HUGEL, chef d'escadrons.
Jésuite dans toute l'acception du mot.
Ne monte *jamais* à cheval. Aurait l'intention de demander le recrutement de Toulon.
Détesté de ses subordonnés. Très religieux, avec affectation. Antigouvernemental absolu. S'en débarrasser serait urgent.

Nommé officier de la légion d'honneur

11e RÉGIMENT, à Belfort

FOURNIER, colonel.
Est considéré comme un clérical et réactionnaire.

13e RÉGIMENT, à Dinan

Le PICQUIER, commandant.
Profondément hostile au régime républicain. Est nul et sans valeur. Clérical.

Nommé lieutenant-colonel au corps

14e RÉGIMENT, à Alençon

Du PLESSIX, commandant.
Déverse publiquement tous les mauvais propos possibles sur la République et les républicains. Ne cache pas son antipathie pour le ministre de la guerre actuel. Très clérical.

Nommé lieutenant-colonel au corps

CHASSEURS D'AFRIQUE

1er RÉGIMENT, à Blida

De LAFORCADE, colonel.

Va à la messe tous les dimanches et invite ses subordonnés à faire comme lui. Sa femme va plusieurs fois par jour à l'église. A suivi la procession à Blida.

Clérical intransigeant.

Très partial : favorise particulièrement ceux qui vont à l'église.

En retraite, colonel de réserve

SPAHIS

2e RÉGIMENT

BARTHELEMY, commandant.
(Fiche composée de deux mots seulement : le premier est une injure ; le second, une diffamation).

ARTILLERIE

1er RÉGIMENT, à Bourges

TRIBOUDET de MAINBRAY, colonel.
De famille cléricale et réactionnaire, continue la tradition.

**Nommé général de brigade
commandant les places de Besançon
actuellement commandant l'artillerie du
13e corps**

THOMAS, commandant.
Le commandant Thomas a épousé une personne appartenant à l'aristocratie plus ou moins authentique. Les conversations le décèlent comme opposé au gouvernement actuel. Assurément, le ministère Waldeck-Rousseau n'avait pas ses sympathies, et encore moins le cabinet actuel.

2e RÉGIMENT, à Grenoble

JOUFFROY, lieutenant-colonel.
Clérical et réactionnaire.

CHATEAU, lieutenant-colonel des batteries alpines.
Clérical et réactionnaire, très militant et dangereux.

**Nommé colonel, commandant
le 1er régiment d'artillerie, à Bourges**

3e RÉGIMENT, à Castres

PELLETIER, colonel.
Homme du monde.
Très élégant.
Clérical enragé.
A deux enfants élevés au Petit Séminaire de Castres.

6e RÉGIMENT, à Valence

De **MALHERBE**, colonel.
Royaliste et clérical actif.

7e RÉGIMENT, à Rennes

MERCIANT, colonel.
Très riche, beau-frère d'un député conservateur, M. Le Cerf.

En retraite

8e RÉGIMENT, à Nancy

MATHIEU, chef d'escadron.
Clérical orléaniste.

Nommé lieutenant-colonel au 19e régiment à Nimes

MOSSER, chef d'escadron.
Déroulédiste et clérical ; fait partie de la bande noire du régiment, et affecte d'aller aux offices où se trouve son colonel le baron d'Astier de La Vigerie.
Antiministériel enragé.

Hors cadre, commandant le bureau de recrutement de Bayonne

9e RÉGIMENT, à Castres

GOSSELIN, lieutenant-colonel.
Réactionnaire. A demandé la liquidation de sa pension de retraite.

En retraite

10e RÉGIMENT, à Rennes

BLANCHE, colonel et **LUCAS**, lieutenant-colonel.
Propagateurs et correspondants de l'*Ouest-Eclair*, journal nationaliste, clérical. La *Croix* de Rennes.
Fils aux Postes (c'est-à-dire à l'école libre de la rue des Postes) ; *très mauvais*.

BLANCHE : nommé général adjoint au commandant supérieur de Toul

LUCAS : nommé colonel directeur de l'atelier de constructions de Rennes

14e RÉGIMENT, à Tarbes et Bordeaux

MOURET, colonel.
Réactionnaire clérical. Les jeunes soldats n'obtiennent de permission et de l'avancement que s'ils sont recommandés à lui, colonel, par le curé de la paroisse de Saint-Jean, de Tarbes.
Clérical, fréquentant assidûment l'église des Pères exploitée par la Congrégation de Lourdes.

17e RÉGIMENT, à La Fère

MORTUREUX, commandant.
Très mauvais, très clérical, très réactionnaire.
A mis ses fils à Stanislas.

Cherche à se poser comme un rallié.

Une fiche le concernant vous a été envoyée il y a huit ou dix jours, en prévision des manœuvres de ce monsieur.

BOUCHER de MERLAINCOURT.

Très réactionnaire, très clérical, très antisémite ; médiocrité intellectuelle et militaire ; infatué de préjugés de caste ; a exercé une influence néfaste sur le général Jamont, dont il a été pendant longtemps l'officier d'ordonnance ; a toujours combattu les officiers républicains ; a toujours favorisé les officiers réactionnaires, surtout s'ils étaient nobles.

Grâce à l'influence du général Jamont et à la faiblesse du ministre (général Billot), a été inscrit au tableau d'avancement pour le grade de lieutenant-colonel en 1898, c'est-à-dire trois ou quatre ans avant son tour normal (en admettant qu'il mérite l'avancement au choix).

L'inscription au tableau d'avancement de ce (*ici une injure*) est l'un des actes les plus scandaleux du ministère Billot.

Chef d'escadron d'artillerie, fait actuellement au 106e d'infanterie le stage prévu pour les officiers candidats futurs au généralat !! (25e d'artillerie à Châlons).

Nommé lieutenant-colonel au 4e régiment d'artillerie, à Besançon

De BALORRE, commandant.

Toujours à la Fère ; garçon, va à la messe tous les dimanches, — se borne à cette manifestation, mais n'en est pas moins un clérical renforcé.

Pendant que je suis ici de passage, je me souviens que j'y connais deux citoyens et que ma conscience me reprocherait de ne pas vous les mentionner : colonel de **NOUE**, 4e cuirassiers (Cambrai), officier d'élite (ne riez pas), arrivé au commandement d'un régiment de par son nom, sa fortune, ses relations, la parenté de plusieurs généraux. Avec cela, clérical, le manifestant ouvertement, affectant de se séparer des officiers d'infanterie et de la municipalité, même dans une cérémonie religieuse. A l'index des républicains de la localité, jugé pour ce qu'il est, c'est-à-dire anti-républicain.

19e RÉGIMENT, à Nimes

VERCHERE, colonel au 19e d'artillerie.
Célibataire.
A des opinions réactionnaires, mais ne les étale pas.
Donne des notes bienveillantes aux officiers nationalistes ou cléricaux.

En retraite

De PHILIP, lieutenant-colonel.
Réactionnaire.
Clérical.
Va à la messe.
Veuf.
A des enfants chez nos adversaires.

Susceptible d'être présenté pour colonel. Envoie ses enfants à l'Assomption où ils figurent sur les palmarès. Réactionnaire clérical à toute épreuve. Ne doit recevoir aucune faveur de la République, à moins de trahison de la part de celle-ci.

Directeur de l'artillerie, à Bastia proposé pour colonel (T 1906) Nommé

BOYER, ex-chef d'escadron au 19e, actuellement chef d'état-major, à Avignon.
Emboite le pas au précité Philip ; ses enfants aussi fréquentent le palmarès de l'Assomption. Il n'était pas rare, quand il était à Nimes, de voir son ordonnance devant l'église Sainte-Perpétue tenir son cheval pendant que lui faisait ses dévotions.

20e RÉGIMENT, à Poitiers

SAINT-YVES, colonel.

Le colonel est tellement réactionnaire qu'il y a à peine un mois, après le décès de M. Hambis, conseiller général et maire de Ligugé, républicain radical anticlérical, il ne s'est pas rendu à ses obsèques, et ne s'y est pas fait représenter, comme c'était le premier de ses devoirs, puisque M. Kopf, capitaine d'artillerie, dans son régiment, le 20e, était le gendre du défunt.

Réactionnaire, clérical. Veuf sans enfants. N'a pas de parents à Poitiers ; va à la messe tous les dimanches.

Fréquente la société la plus réactionnaire de la ville, comme, du reste, presque tous les officiers de son régiment.

23e RÉGIMENT, à Toulouse

BRO, commandant.

Fréquentait l'église pour plaire à son colonel. Caractère pusillanime. Brave homme.

FONS, commandant.

Femme et fille très dévotes. Lui-même va souvent à la messe. Réactionnaire, mais opinions changeant selon ses chefs et selon ses besoins ; sans fermeté morale ; déséquilibré.

En retraite
Promu officier de la Légion d'honneur

25e RÉGIMENT, à Châlons-sur-Marne

WALLUT, commandant.

Marié ; père de cinq enfants âgés de quatorze, douze, dix, et huit ans. Trois garçons font leurs études au collège Saint-Etienne, dirigé par des prêtres, et une fille, âgée de dix ans, a une institutrice spéciale chargée de son éducation.

Les renseignemnts généraux recueillis sur le compte de M. Wallut le montrent d'opinions politiques nettement réactionnaires ; il n'essaye même pas de donner le change ; ses relations, qui sont assez nombreuses à Châlons, sont choisies dans les milieux les plus réactionnaires. — Au point de vue philosophique, il a des idées nettement cléricales et intransigeantes ; fréquente régulièrement les églises, et est de ceux qui estiment qu'il n'y a pas de salut hors de l'Eglise.

Proposé pour lieutenant-colonel (T. 1905)

26e RÉGIMENT, au Mans

ROULINS, lieutenant-colonel.

Profondément religieux, pratiquant ; est cependant très tolérant. Homme d'une réelle droiture. N'est pas républicain. Fait élever ses enfants chez les congréganistes.

Nommé colonel
directeur de l'artillerie, à Belfort

RENE, commandant.

Clérical, nationaliste.

Quoique marié, passe pour très amuseur, fréquente facilement les civils, et est bon vivant.

Proposé pour lieutenant-colonel (T 1905)

PETIT, commandant.

Officier insignifiant. Va être atteint par la limite d'âge. Est clérical et antigouvernemental, parce qu'il croit qu'il est de bon ton d'être ainsi. N'a pas d'enfant.

BERTHIER, commandant.

Officier distingué. Breveté. Accomplit actuellement un stage au 117e régiment d'infanterie. Fort riche. Très lancé dans le monde clérical. Ses enfants sont élevés chez les congréganistes.

Proposé pour lieutenant-colonel (T 1904)

MARSOUIN, commandant.

Officier peu distingué, sous aucun rapport. Est actuellement en retraite. N'a pas d'enfant.

BOUCHER, commandant.

A été, dit-on, très intelligent. Mais cette faculté a, aujourd'hui, considérablement perdu de sa vigueur. (*Ici une diffamation*). Nationaliste, clérical, mais peu pratiquant.

30e RÉGIMENT, à Orléans

Hier, 2 juin, singulier spectacle à la procession de la Fête-Dieu, à Orléans !!!

Le lycée était décoré et pavoisé, comme aux plus beaux jours de l'Empire. L'administration de cet établissement devrait être rappelée à l'ordre. Mais, ce qui est encore plus intéressant, c'est le zèle religieux de quatre officiers de la garnison, qui étaient dans le cortège, en habit bourgeois, et chantaient de tout cœur des hymmes au Seigneur !

Ces quatre officiers, dont il est bon de retenir les noms, sont :

1° Delpit, lieutenant-colonel au 30e d'artillerie ;
2° Benoît, chef d'escadron du génie ;
3° de Verchère, capitaine au 30e d'artillerie ;
4° O'Gorman, lieutenant au 30e d'artillerie.

31e RÉGIMENT, au Mans

THEVEN de GUELERAN, colonel.

Réactionnaire avéré. Si la plaie cléricale n'existait

pas, il la ferait naître, tant il éprouve de douceur et de joie dans l'accomplissement des pratiques religieuses et la fréquentation exclusive de la société qui partage ses idées.

Mme T. de G., parlant, un jour, du régime gouvernemental actuel et, en particulier, de MM. Loubet et André, termina sa diatribe par cette phrase : « Et dire qu'il faut se soumettre à l'omnipotence de ces gens-là ! » Mme T. de G... fait partie de toutes les œuvres cléricales, dites charitables, de la ville.

En retraite

BOUCHON, lieutenant-colonel.

Clérical ; caractère hautain ; n'est pas républicain. Il ne partage surtout pas les idées gouvernementales actuelles. A deux fillettes en bas âge.

Directeur de l'artillerie. à Briançon
Promu officier de la Légion d'honneur

NALOT, commandant.

Son éducation laisse beaucoup à désirer.

Sorti des rangs, est passé par l'Ecole supérieure de guerre.

Nationaliste et clérical, peu militant. Assiste régulièrement avec sa femme aux offices religieux des dimanches et jours fériés.

A un fils de seize ans environ, dont l'instruction et l'éducation étaient confiées aux jésuites de l'Ecole Sainte-Croix, avant leur départ du Mans.

Le fils Nalot continue à suivre les cours de cet établissement clérical, lesquels sont toujours professés, par le nouveau personnel enseignant, suivant le même esprit et dans les mêmes conditions que précédemment.

Détaché à l'état-major du 11e corps d'armée

ERISMAN, commandant.

Est le successeur du commandant Marsouin. Officier d'une intelligence très ordinaire ; a été promu chef d'escadron le 14 juillet dernier, et maintenu au 26e régiment d'artillerie, en qualité de major, et sur sa demande. Le commandant Erisman est très connu au Mans, qu'il habite depuis dix ans.

Chef d'une famille d'un cléricalisme outré. Sa femme et ses trois filles sont au mieux avec les sœurs du couvent de Notre-Dame-de-la-Couture, au Mans, qu'elles voient journellement. Des dispositions avaient été prises par cette famille pour recueillir une partie des sœurs précitées, dans le cas où celles-ci auraient été expulsées. Il est regrettable que cet officier obtienne ainsi tout ce qu'il désire.

SELWEGER, capitaine.

Profond clérical, antirépublicain.

En vue de sa mise au tableau d'avancement pour le grade de chef d'escadron, a toujours recherché, et se flatte de l'obtenir, l'appui (qu'il croit être actuellement de grande valeur) du général Naquet, son ancien colonel.

A une fille qui est élevée dans un pensionnat congréganiste.

TREGUIER, capitaine.

Officier d'ordonnance du général commandant l'artillerie. Officier fort intelligent. Nationaliste et d'un cléricalisme assez tiède. Pratique peu, au point de vue religieux.

LECLERC, capitaine du 31e ; **MOREIGNE**, capitaine du 26e.

Nationalistes et cléricaux. Officiers de valeur ordinaire. Suivent régulièrement les offices religieux ; adversaires de la franc-maçonnerie.

33e RÉGIMENT, à Poitiers

LAFFONT de LADEBAT, colonel.

Attitude très correcte. Appartient à la religion protestante.

Nommé général
commandant la 9e brigade d'infanterie, à Rouen

GALOUZEAU de VILLEPIN, lieutenant-colonel.
Réactionnaire clérical.
Directeur du matériel d'artillerie, à Rouen

CHAILLEY, colonel.
Extrêmement dangereux.

De TRISTAN.
Très mauvais.

De BROVES.
Très mauvais.

De PELOUAN.
Très mauvais.

D'ARGOUBET.
Extrêmement dangereux.

BRUNEAU.
Très mauvais.

POTEL, CHAILLEY et **d'ARGOUBET** sont des militants qui devraient être changés de garnison, sans délai, parce qu'ils sont des éléments de discorde politique à Poitiers.

37e RÉGIMENT, à Bourges

De BARBERIN, colonel.
Se fait appeler ostensiblement colonel *marquis* de Barberin ; est clérical et réactionnaire très connu.

A récemment été reçu au Vatican (renseignement certain).

Doit avoir reçu une décoration du pape.

38e RÉGIMENT, à Nîmes

MAGGIOLO, colonel.

Réactionnaire militant. Clérical acharné, fréquente assidûment l'évêché et les vicaires généraux ; n'accorde l'avancement et les propositions qu'à ceux qui suivent les offices religieux ou qui lui sont recommandés par les curés. A laisser colonel.

Marié. Pas d'enfant.

Clérical, réactionnaire, va à la messe, hypocrite.

Fait patte de velours dans l'espoir d'obtenir les deux étoiles attendues depuis quelque temps.

Ne doit pas être fait général.

Nommé général de brigade commandant l'artillerie du 7e corps, à Besançon

De la BROSSE, colonel.

Imbu des idées cléricales et réactionnaires.

Manifeste ses opinions politiques par ses fréquentations. N'a pas de parents, mais les nombreux amis qu'il s'est créés sont les principaux réactionnaires. Va à la messe où il est heureux de rencontrer les officiers de son régiment ; ceux-ci, bien entendu, sont mieux cotés que ceux qui ne se voient qu'aux terrains de manœuvres.

....Veut faire croire à son républicanisme en faisant peindre en trois couleurs la guérite du factionnaire placée devant la porte du quartier.

Les établissements congréganistes ont élevé et éduqué ses enfants.

On oubliait de dire que, dans sa fréquentation, il choisissait surtout des gens à particule.

Comme chef de corps, il est d'une partialité notoire.

En retraite

De CAMARET, chef d'escadron.

Réactionnaire militant et jésuite enragé. Hait la République et les républicains. Il est regrettable pour la cause républicaine qu'il soit proposé pour lieutenant-colonel ; figure au tableau. Homme dangereux.

De CAMARET, ex-chef d'escadron au 38ᵉ, actuellement à Toul.

Envoie ses enfants chez les Assomptionnistes, où ils figurent sur le palmarès. Inscrit au tableau d'avancement ; ne devrait donc jamais être nommé lieutenant-colonel.

39ᵉ RÉGIMENT, à Toul

VOISIN, lieutenant-colonel.

Clérical nationaliste. Critique le général qu'il déteste cordialement.

Nommé colonel
directeur de l'artillerie à Dunkerque
et promu officier de la Légion d'honneur

VASSAL, commandant au 39ᵉ régiment d'artillerie à Toul.

Douteux.

Nommé lieutenant-colonel au 18ᵉ régiment, à Toulouse

40ᵉ RÉGIMENT, à Verdun

PAUFFIN de SAINT-MOREL, commandant.

Ambitieux et faux ; dénigre le gouvernement, qu'il renverserait à l'occasion.

De FRAVILLE, commandant.
Réactionnaire et clérical.

En retraite

François DARU, chef d'escadron au 40e d'artillerie (Châlons-sur-Marne).

M. Daru est marié et père de sept enfants, âgés : l'aîné, de dix ans, et le plus jeune, d'un an ; ils sont instruits chez leurs parents par une institutrice libre.

M. Daru se trouve dans une très belle situation de fortune, à laquelle contribue, pour une large part, sa femme, qui appartient à la famille d'Auerstædt, et qui est très riche.

Ses opinions sont nettement dirigées vers le parti réactionnaire, dans lequel il recrute, en grande partie, ses relations. Il a, d'autre part, des idées religieuses bien accentuées ; sa femme et lui fréquentaient beaucoup les églises.

En retraite

OFFICIERS DÉTACHÉS

PINTE, colonel.
(M. C. R. F.), (Dunkerque), fils aux Postes ; *très mauvais.*

En retraite

CHEVALIER, colonel.
(M. F.), (Nice), très clérical, violent antidreyfusard, défend la révocation de l'édit de Nantes.

Promu officier de la Légion d'honneur

LACROIX, commandant, Lunéville.
Militant.

Proposé pour lieutenant-colonel (T 1905)

BOULZAGUET, lieutenant-colonel, à Douai.
Très réactionnaire, très clérical ; a mis son fils à la rue des Postes. Valeur militaire très médiocre ; créature du général de Montluisant.
(Ici des diffamations).
Indigne de tout avancement ; aurait dû être mis à la retraite d'office ; a trente ans de service ; soutenu par le général Deloye.

En retraite

GAZERES, lieutenant-colonel d'artillerie, à Calais.
Très réactionnaire, très clérical ; fort médiocre militaire. N'a aucune énergie, aucun commandement : créature des généraux Mathieu et Deloye.

Nommé colonel, président de la commission d'expériences de Calais

FERAY, commandant, à Fontainebleau.
Calotin ; fréquentations cléricales.

BONNAN, commandant, à Bruyères, J. L. C.
(Se fera recommander par le général Bonnal).
Clérical fanatique, a débuté dès son arrivée à Bruyères en allant communier solennellement en famille. Sous son action, les officiers et les sous-officiers se sont mis à fréquenter assidûment l'église. Dans un conflit existant actuellement entre la municipalité et le curé qui a la prétention de faire venir au catéchisme, à l'école libre, les enfants des écoles laïques, a pris ouvertement fait et cause pour ce dernier. Sa femme fait le catéchisme chez les Sœurs.

Proposé pour lieutenant-colonel (T 1905)

KINTGEN, commandant d'artillerie.
Habite Roussier (?) près Maubeuge, route de Ferrière-la-Grande, maison ferme Loridan. Individu

brutal avec ses hommes et sournois avec tout le monde. Il possédait une ou deux vaches, cette année il n'en a plus.

Trois ou quatre soldats travaillaient constamment chez lui pour les soigner, il vendait son lait et son beurre dans le voisinage et les soldats portaient à domicile. Il fait encore l'élevage des poulets, expédiés périodiquement aux Halles à Paris, élevage par couveuses artificielles, fait en ce moment environ trois cents poulets. L'installation de la ferme, écuries, remises, réparations au bois, couveuses, ont été faites par des menuisiers, charrons, serrruriers du quartier d'artillerie, et les matériaux sont sortis de l'arsenal qui est à deux pas de chez lui.

Il est très mal vu de ses voisins à qui il tue les chiens et chats qui ont le malheur de s'aventurer dans sa propriété.

Comme homme politique, c'est un clérical de marque ; lui et sa femme vont à la messe et comme il n'y a pas d'école de frères dans la région, il envoie ses trois fils chez le curé de Rousier (?) qui leur sert de précepteur. Il est du reste en cela imité par son colonel qui envoie aussi ses deux fils chez le même curé.

GÉNIE

THEVENET, colonel, du génie, Belfort.

Homme charmant, mondain, a fait sa carrière dans les états-majors ; se désintéresse absolument des broutilles de la chefferie.

Son chef du génie travaille énormément pour donner un rendement médiocre. Cherche à la fois à donner satisfaction aux grands chefs, aux entrepreneurs, au maire, au curé, à l'instituteur, tout en ayant soin de dégager sa responsabilité personnelle. En somme, joue un rôle trop compliqué et pourra s'y rompre les os.

Passé avec son grade au 1er régiment à Versailles

De **MONTARBY**, colonel à la direction du génie à Limoges.

On ne sait ce qu'il peut être, mais il serait volontiers candidat nationaliste s'il n'était pas nommé général. C'est du moins l'idée exprimée presque publiquement par M. de Montarby. N'importe où et comment, mais député, pour faire quelque chose.

Cours pratique de tir, à Poitiers

POTEL, chef d'escadron.
Extrêmement dangereux.

Nommé directeur de l'école d'artillerie, à Angoulême

COTTIN, chef d'escadron.
Très mauvais.

AUBRAT, chef d'escadron.
Très mauvais.

DESPRES, capitaine-adjoint.
Très mauvais.

DURANDIN, capitaine-adjoint.
Très mauvais.

TABLES

TABLE DES MATIÈRES

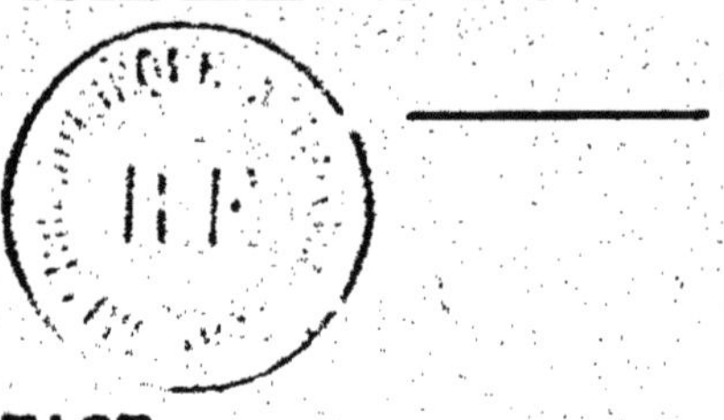

ÉTAT-MAJOR GÉNÉRAL de l'Armée

INFANTERIE

CHASSEURS A PIED

ZOUAVES

TIRAILLEURS ALGÉRIENS

LÉGION ÉTRANGÈRE

CAVALERIE

CUIRASSIERS

DRAGONS

CHASSEURS A CHEVAL

HUSSARDS

CHASSEURS D'AFRIQUE

SPAHIS

ARTILLERIE

Répertoire Alphabétique

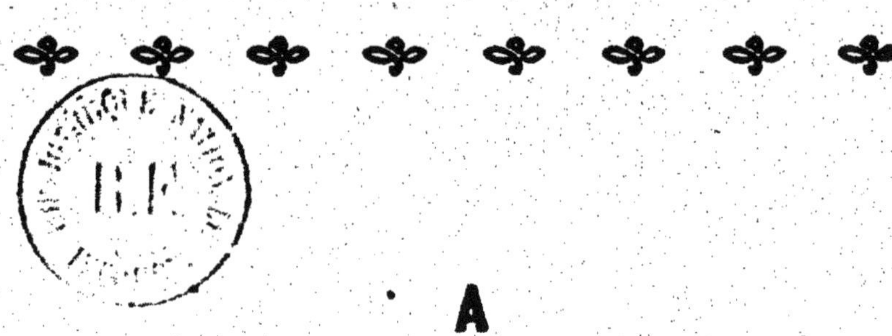

A

B

Pages

C

D

Pages

E

F

Pages

G

Pages

H

I

K

L

Pages

N

O

P

Pages

S

Pages

T

U

V

Pages

W

FIN

IMPRIMERIE ALBERT MARÉCHAUX
Meulan - Hardricourt
(S.-&-O.)

Imp. ALBERT MARÉCHAUX, Meulan-Hardricourt, (S.-ET-O.)

www.ingramcontent.com/pod-product-compliance
Ingram Content Group UK Ltd.
Pitfield, Milton Keynes, MK11 3LW, UK
UKHW012156240726
13966UKWH00002B/377

9 782012 894006